财务管理与内部控制优化研究

李永梅　李　辉　齐春霞　主编

哈尔滨出版社
HARBIN PUBLISHING HOUSE

图书在版编目（CIP）数据

财务管理与内部控制优化研究 / 李永梅，李辉，齐春霞主编 . —哈尔滨：哈尔滨出版社，2023.6
ISBN 978-7-5484-7365-7

Ⅰ . ①财⋯ Ⅱ . ①李⋯ ②李⋯ ③齐⋯ Ⅲ . ①企业管理—财务管理—研究②企业内部管理—研究 Ⅳ .
① F275 ② F272.3

中国国家版本馆 CIP 数据核字 (2023) 第 116151 号

书　　名：	财务管理与内部控制优化研究
	CAIWU GUANLI YU NEIBU KONGZHI YOUHUA YANJIU

作　　者：	李永梅　李　辉　齐春霞　主编
责任编辑：	杨浥新
封面设计：	刘梦杳

出版发行：	哈尔滨出版社（Harbin Publishing House）
社　　址：	哈尔滨市香坊区泰山路82-9号　　邮编：150090
经　　销：	全国新华书店
印　　刷：	廊坊市海涛印刷有限公司
网　　址：	www.hrbcbs.com
E－mail：	hrbcbs@yeah.net
编辑版权热线：（0451）87900271	

开　　本：	787mm × 1092mm　1/16　　印张：7.5　　字数：130千字
版　　次：	2023 年 6 月第 1 版
印　　次：	2023 年 6 月第 1 次印刷
书　　号：	ISBN 978-7-5484-7365-7
定　　价：	48.00 元

凡购本社图书发现印装错误，请与本社印制部联系调换。
服务热线：（0451）87900279

前言

财务管理工作直接影响着内部控制体系。基于此,在加强财务管理工作时,应当从财务管理的意义出发,做好财务管理内部控制工作,对症下药,解决财务管理工作的问题,并提高财务人员的专业素养,通过一系列的方法加强财务管理内部控制工作。

基于此,本书以"财务管理与内部控制优化研究"为题,首先阐述了事业单位会计基础理论、事业单位财务处理程序、事业单位财务制度建设;其次,从事业单位预算管理分析、事业单位收入与支出核算、事业单位资产与负债核算、事业单位财务报表的编制角度论述事业单位财务管理实务;再次,从控制与内部控制、事业单位内部控制的原则与目标、事业单位风险评估与控制活动、事业单位内部控制方法四个方面探究事业单位内部控制;最后,从事业单位预算业务控制、事业单位收入与支出控制、事业单位固定资产管理体系、事业单位内部控制的优化四个方面分析事业单位内部控制应用与优化。

全书内容丰富,结构层次严谨,从事业单位财务管理理论入手,进一步对事业单位财务管理和事业单位内部控制深入分析,对事业单位内部控制提出优化策略,可供广大相关工作者参考借鉴。

笔者在写作本书的过程中,得到了许多专家学者的帮助和指导,在此表示诚挚的谢意。由于笔者水平有限,书中所涉及的内容难免有疏漏之处,希望各位读者多提宝贵意见,以便笔者进一步修改,使之更加完善。

目 录 Contents

第一章 事业单位财务管理理论 1
    第一节 事业单位会计基础理论 1
    第二节 事业单位财务处理程序 13
    第三节 事业单位财务制度建设 22

第二章 事业单位财务管理实务 28
    第一节 事业单位预算管理分析 28
    第二节 事业单位收入与支出核算 36
    第三节 事业单位资产与负债核算 50
    第四节 事业单位财务报表的编制 66

第三章 事业单位内部控制分析 74
    第一节 控制与内部控制 74
    第二节 事业单位内部控制的原则与目标 76
    第三节 事业单位风险评估与控制活动 77
    第四节 事业单位内部控制方法 81

第四章 事业单位内部控制应用与优化 83
    第一节 事业单位预算业务控制 83
    第二节 事业单位收入与支出控制 88
    第三节 事业单位固定资产管理体系 97
    第四节 事业单位内部控制的优化 106

结束语 109

参考文献 111

第一章　事业单位财务管理理论

作为事业单位财务管理的重要组成部分，财务管理的质量直接关系到事业单位的经济效益以及管理效率。本章主要阐述事业单位会计基础理论、事业单位财务处理程序、事业单位财务制度建设。

第一节　事业单位会计基础理论

一、事业单位会计的特点及组织系统

(一) 事业单位会计的特点

"事业单位会计是以事业单位实际发生的各项经济业务为对象，记录、反映和监督事业单位预算执行过程及其结果的专业会计。"[1] 事业单位会计具有以下特点：

第一，会计核算目标兼顾决策有用和受托责任。

第二，会计核算一般采用收付实现制，部分经济业务或者事项采用权责发生制。

第三，收入来源具有多渠道性，支出具有多用途。

第四，一般不进行成本核算，但可以根据实际需要实行内部成本核算办法。

第五，资源提供者向该组织投入资源不取得经济回报，也不存在业主权益问题。

第六，非流动资产采用"双分录"核算方法。

第七，固定资产折旧和无形资产摊销采用"虚提"模式。

---

[1] 张田，严春华. 试述事业单位会计的特点 [J]. 黑龙江科技信息，2011(21)：161.

第八，资产的计量方法引入"名义金额"计量。

(二) 事业单位的会计组织系统

根据机构建制和经费领报关系，事业单位的会计组织系统分为以下级别：

第一，主管会计单位，向同级财政部门领报经费，并发生预算管理关系，下面有所属会计单位。

第二，二级会计单位，向主管会计单位或上级单位领报经费，并发生预算管理关系，下面有所属会计单位。

第三，基层会计单位，向上级单位领报经费，并发生预算管理关系，下面没有所属会计单位；向同级财政部门领报经费，并发生预算管理关系，下面没有所属会计单位的，视同基层会计单位。

主管会计单位、二级会计单位和基层会计单位实行独立会计核算，负责组织管理本部门、本单位的全部会计工作。不具备独立核算条件的事业单位，实行单据报账制度，作为"报销单位"管理。由于事业单位大多为行政单位的下属机构，所以，大多数事业单位为二级会计单位。

二、事业单位会计的基本前提和信息质量特征

(一) 事业单位会计的基本前提

会计基本前提，又称会计基本假设，是进行会计核算的基本条件。会计基本前提是合理限定会计核算的范围，据以确定会计核算对象、选择会计方法、收集加工处理会计数据，从而保证会计工作的正常进行和会计信息的质量。事业单位会计的基本前提包括以下方面：

1. 会计主体

会计主体是事业单位会计为之服务的特定单位，它限定了事业单位会计核算的空间范围。会计主体是持续经营和会计分期两个前提的基础。只有规定了事业单位会计主体，事业单位会计核算才会有明确的范围，在此基础上会计要素才会有空间的归属，也才能正确反映会计主体的各会计要素的情况和结果，向有关各方面提供正确的会计信息。

事业单位会计主体是各级各类事业单位，由此，事业单位应当对其自身发生的经济业务或者事项进行会计核算。

2. 持续经营

持续经营是指在正常情况下，事业单位会计主体的经济业务活动无限期延续下去，在可以预见的未来不会终止。事业单位会计核算应当以事业单位会计主体各项业务可持续正常地进行为前提。持续经营规定了事业单位会计核算的时间范围，即会计主体的经济业务活动将无限期继续存在下去。

只有在持续经营前提下，事业单位会计主体的经济业务活动才得以进行，会计核算才能使用特有的程序和方法，全面系统地反映会计主体的财务状况和收支状况。事业单位会计核算所使用的原则、程序和方法都是建立在持续经营的前提下，只有在这一基础之上，会计人员在日常的会计核算中对经济业务才能做出正确判断，对会计处理方法和会计处理程序才能做出正确选择。

3. 会计分期

会计分期，又称会计期间，是指将事业单位会计主体持续经营的经济业务活动根据信息使用者的需要，人为地划分为一个个连续的、长短相同的期间，以便分期结算账目、编制会计报表，及时向各方面提供有用的会计信息。会计分期是对持续经营前提的必要补充。由此，事业单位应当划分会计期间，分期结算账目和编制财务会计报告。事业单位的会计期间至少分为年度和月度。会计年度、月度等会计期间的起讫日期采用公历日期。

4. 货币计量

货币计量是对事业单位会计计量尺度的规定，指事业单位会计主体在会计核算过程中以货币作为计量单位，综合反映事业单位会计主体的经济业务活动情况。货币计量是会计的基本特征，只有以货币计量为前提，事业单位会计核算所提供的信息才具有可比性，才能满足信息使用者的需要。以货币计量作为前提，还包含假设币值保持不变，因为只有在币值稳定的前提下，对不同会计期间的会计要素的核算才有意义，才可以前后各期加以比较。事业单位会计核算应当以人民币作为记账本位币。发生外币业务时，应当将有关外币金额折算为人民币金额计量。

(二) 事业单位会计的信息质量特征

1. 真实性

真实性，又称客观性，是指事业单位会计主体的会计核算应当以实际发生的经济业务为依据，如实反映各项会计要素的情况和结果，保证会计信息真实可靠。《事业单位会计准则》规定，事业单位应当以实际发生的经济业务或者事项为依据进行会计核算，如实反映各项会计要素的情况和结果，保证会计信息真实可靠。

真实性要求事业单位会计核算必须以经济业务发生时所取得的合法书面凭证为依据，不得弄虚作假、伪造、篡改凭证，凭证内容要真实、数字要准确、项目要完整、手续要齐备、资料要可靠。只有这样，才能保证会计信息与会计反映对象的客观事实相一致，才能满足各信息使用者做出正确决策的需要。

2. 相关性

相关性，又称有用性，是指事业单位会计所提供的信息应与信息使用者的经济决策需要相关。《事业单位会计准则》规定，事业单位提供的会计信息应当与事业单位受托责任履行情况的反映、会计信息使用者的管理、决策需要相关，有助于会计信息使用者对事业单位过去、现在或者未来的情况做出评价或者预测。相关性需要事业单位会计主体在确认、计量和报告会计信息的过程中，充分考虑信息使用者的决策模式和信息需要，从而有助于信息使用者做出正确的决策。

3. 可比性

可比性，是指事业单位会计提供的会计信息应当具有可比性，包括同一事业单位会计主体不同时期以及不同事业单位会计主体发生的相同或者相似的经济业务或者事项应当采用一致的会计政策。《事业单位会计准则》规定，事业单位提供的会计信息应当具有可比性，主要包括：①同一事业单位不同时期发生的相同或者相似的经济业务或者事项，应当采用一致的会计政策，不得随意变更，确需变更的，应当将变更的内容、理由和对单位财务状况及事业成果的影响在附注中予以说明；②同类事业单位中不同单位发生的相同或者相似的经济业务或者事项，应当采用统一的会计政策，确保同类单位会计信息口径一致，相互可比。

可比性可保证事业单位会计主体根据国家的统一规定进行核算，使各事业单位会计主体的会计信息建立在相互可比的基础上，以便于会计信息的比较、分析和汇总，从而为信息使用者进行决策和国家进行宏观调控与管理提供必要的依据；同时有利于比较分析同一事业单位会计主体不同会计期间的会计信息，从而对预算执行和财务状况做出正确判断，以提高各方面预测和决策的准确性。

4. 及时性

及时性，是指事业单位会计核算应当及时进行。该原则要求事业单位会计信息应当及时处理、及时提供，不得提前或延后。《事业单位会计准则》规定，事业单位对于已经发生的经济业务或者事项，应当及时进行会计核算，不得提前或者延后。会计信息具有一定的时效性，所以，在会计核算中，事业单位会计主体应及时收集会计信息、及时处理会计信息、及时传递报告会计信息，从而帮助信息使用者及时做出经济决策，确保会计信息的价值。

5. 明晰性

明晰性，是指事业单位会计记录和会计报表应当清晰明了，便于理解和运用。《事业单位会计准则》规定，事业单位提供的会计信息应当清晰明了，便于会计信息使用者理解和使用。明晰性要求会计核算各个环节和步骤清晰明了，通俗易懂，以利于会计信息使用者理解会计报表和利用会计信息，同时也有利于审计人员进行审计。

6. 全面性

全面性，是指事业单位会计报表应全面反映经济业务活动情况及结果。《事业单位会计准则》规定，事业单位应当将发生的各项经济业务或者事项统一纳入会计核算，确保会计信息能够全面反映事业单位的财务状况、事业成果、预算执行等情况。全面性要求会计报表所反映的信息做到内容完整、全面。

7. 专款专用

专款专用，是指凡是有指定用途的资金，必须按规定用途使用。《事业单位财务规则》规定，事业单位从财政部门和主管部门取得的有指定项目和用途的专项资金,应当专款专用、单独核算,并按照规定向财政部门或者主管部门报送专项资金使用情况。为此,《事业单位会计制度》和行业事业单位会计制度均规定,事业单位收入和支出均要按照要求专款专用。比如,财政补助收入和支出分为基本支出与项目支出,非财政补助收入和支出分为专项资金收入和支出与非专项资金收入和支出。专款专用要求各级各类事业单位从财政部门或上级单位获取的有指定用途的资金,必须按照规定用途使用,不得擅自改变资金用途,挪作他用。

三、事业单位会计的对象、要素及会计等式

(一) 事业单位会计的对象

会计对象,又称会计客体,是指会计所核算、反映和监督的内容,具体是指社会再生产过程中能以货币表现的资金运动。事业单位会计对象是事业单位会计所核算、反映和监督的内容。事业单位会计以货币计量为前提,因此,事业单位会计的对象只能是能以货币表现的各级各类行政事业单位的各项经济业务活动。

事业单位作为国家为了社会公益目的,由国家机关或者其他组织利用国有资产举办的社会服务组织,肩负着事业单位预算执行和完成国家规定的各项事业计划的职责。在单位预算执行中,事业单位按照核定的单位预算和分月用款计划通过财政直接支付和财政授权支付等方式从同级财政部门获取拨款或者按国家规定取得业务收入,形成其收入。同时,按照预算规定的用途和开支标准,支付基本支出和项目支出以及经营业务支出,形成其支出;收入超过支出的部分形成其结转结余。而事业单位在取得收入和发生支出的过程中,必然形成单位的资产、负债和净资产。因此,事业单位会计的对象是事业单位资金的获取、组织、使用及其结果,表现为事业单位在预算执行中所发生的收入、支出、结余以及由此形成的资产、负债和净资产。

(二) 事业单位会计的要素

事业单位会计要素是事业单位会计对象的构成要素,是对事业单位会计对象的基本分类,是事业单位会计核算内容的具体化,是构筑会计报表的

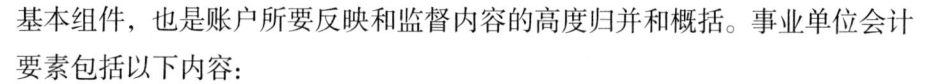

基本组件，也是账户所要反映和监督内容的高度归并和概括。事业单位会计要素包括以下内容：

1. 资产

（1）资产的特征。事业单位资产是事业单位占有或者使用的，能以货币计量的经济资源，包括各种财产、债权和其他权利。事业单位资产具有三个基本特征：①资产必须是一种经济资源，即资产预期能够为事业单位带来服务潜能或经济利益；②资产应当能够可靠地进行货币计量；③资产必须由事业单位占有或者使用。

（2）资产的分类。事业单位资产按照其流动性，分为流动资产和非流动资产。

第一，流动资产。流动资产是指预计在一年内（含一年）变现或者耗用的资产，包括货币资金、短期投资、应收及预付款项、存货等。其中，货币资金包括库存现金、银行存款、零余额账户用款额度等；短期投资是指事业单位依法取得的，持有时间不超过一年（含一年）的投资；应收及预付款项是指事业单位在开展业务活动中形成的各项债权，包括财政应返还额度、应收票据、应收账款、其他应收款等应收款项和预付账款；存货是指事业单位在开展业务活动及其他活动中为耗用而储存的资产，包括材料、燃料、包装物和低值易耗品等。

第二，非流动资产。非流动资产是指流动资产以外的资产，包括长期投资、固定资产、在建工程、无形资产等。其中，长期投资是指事业单位依法取得的，持有时间超过一年（不含一年）的各种股权和债权性质的投资；在建工程是指事业单位已经发生必要支出，但尚未完工交付使用的各种建筑（包括新建、改建、扩建、修缮等）和设备安装工程；固定资产是指事业单位持有的使用期限超过一年（不含一年），单位价值在规定标准以上，并在使用过程中基本保持原有物质形态的资产，包括房屋及构筑物、专用设备、通用设备等，单位价值虽未达到规定标准，但是耐用时间超过一年（不含一年）的大批同类物资，应当作为固定资产核算；无形资产是指事业单位持有的没有实物形态的可辨认非货币性资产，包括专利权、商标权、著作权、土地使用权、非专利技术等。

(3) 资产的确认和计量。

第一，资产的确认。事业单位资产的确认，除了需要符合资产定义外，还应同时满足两个条件：①与该经济资源有关的服务潜能或经济利益能够流入事业单位；②该经济资源的成本或价值能够可靠地计量。

第二，资产的计量。资产计量包括初始计量和后续计量。

资产的初始计量是指资产初始确认时入账金额的确定。事业单位的资产应当按照取得时的实际成本进行计量，除国家另有规定外，事业单位不得自行调整其账面价值。取得资产的实际成本的计量，应当区分为两种方式：①以支付对价方式取得的资产，应当按照取得资产时支付的现金或者现金等价物的金额，或者按照取得资产时所付出的非货币性资产的评估价值等金额计量；②取得资产时没有支付对价的，其计量金额应当按照有关凭据注明的金额加上相关税费、运输费等确定；没有相关凭据的，其计量金额比照同类或类似资产的市场价格加上相关税费、运输费等确定；没有相关凭据、同类或类似资产的市场价格也无法可靠取得的，所取得的资产应当按照名义金额入账（人民币1元）。

资产的后续计量是指经初始计量后在存续期间内的各期末对资产的账面价值重新计价。事业单位可以对固定资产计提折旧、对无形资产进行摊销，但不计提减值准备。所以，事业单位资产的后续计量只包括固定资产折旧和无形资产摊销。事业单位固定资产折旧和无形资产摊销的计提均采用直线法，即将固定资产和无形资产的原价均衡地平均分摊到预计使用年限或摊销期限内，从而使预计使用年限或摊销期限内固定资产和无形资产的账面价值逐年减少，以反映真实的价值。

2. 负债

(1) 负债的特征。一般而言，事业单位负债具有五个基本特征：①负债是事业单位所承担的债务；②负债是过去的经济业务或事项形成现时义务，在未来一定时期内需要以资产或劳务偿付；③负债的清偿预期会导致经济利益流出事业单位；④负债能够可靠地进行货币计量或可以合理地预计；⑤负债有确切的债权人和到期日。

(2) 负债的分类。事业单位的负债按照其流动性，分为流动负债和非流动负债。

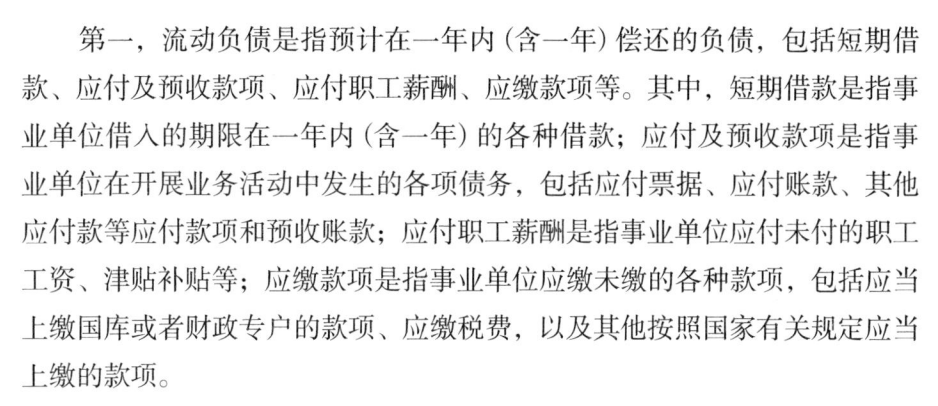

第一,流动负债是指预计在一年内(含一年)偿还的负债,包括短期借款、应付及预收款项、应付职工薪酬、应缴款项等。其中,短期借款是指事业单位借入的期限在一年内(含一年)的各种借款;应付及预收款项是指事业单位在开展业务活动中发生的各项债务,包括应付票据、应付账款、其他应付款等应付款项和预收账款;应付职工薪酬是指事业单位应付未付的职工工资、津贴补贴等;应缴款项是指事业单位应缴未缴的各种款项,包括应当上缴国库或者财政专户的款项、应缴税费,以及其他按照国家有关规定应当上缴的款项。

第二,非流动负债是指流动负债以外的负债,包括长期借款、长期应付款等。其中,长期借款是指事业单位借入的期限超过一年(不含一年)的各种借款;长期应付款是指事业单位发生的偿还期限超过一年(不含一年)的应付款项,主要指事业单位融资租入固定资产发生的应付租赁款。

(3)负债的确认和计量。

第一,负债的确认。事业单位负债的确认,除了需要符合负债定义外,还应同时满足两个条件:①偿债义务的履行预期会导致服务潜能或经济利益流出事业单位;②偿债金额能够可靠地计量。

第二,负债的计量。事业单位的负债应当按照合同金额或实际发生额进行计量。按照合同金额计量的负债,如应付账款、预收账款、长期应付款等;按照实际发生额进行计量的负债,如应缴款项等。

3. 净资产

(1)净资产的特征。事业单位净资产是指事业单位资产减去负债的差额。事业单位净资产具有三个基本特征:①由于事业单位不存在现实的所有者,其净资产不体现企业那样的所有者权益;②收支相抵后的差额——结转结余是事业单位会计净资产的主要构成部分;③事业单位的某些净资产具有限定性,比如专用基金等。

(2)净资产的内容。事业单位净资产包括事业基金、非流动资产基金、专用基金、财政补助结转结余、非财政补助结转结余等,各净资产项目应当分项列入资产负债表。

第一,事业基金是指事业单位拥有的非限定用途的净资产,其来源主要为非财政补助结余扣除结余分配后滚存的金额。

第二，非流动资产基金是指事业单位非流动资产（长期投资、固定资产、在建工程、无形资产等）占用的金额。其属于限定用途的净资产，被非流动资产占用。

第三，专用基金是指事业单位按规定提取或者设置的具有专门用途的净资产，主要包括修购基金、职工福利基金等。专用基金属于限定用途的净资产，必须专款专用。

第四，财政补助结转结余是指事业单位各项财政补助收入与其相关支出相抵后剩余滚存的、须按规定管理和使用的结转和结余资金。

第五，非财政补助结转结余是指事业单位除财政补助收支以外的各项收入与各项支出相抵后的余额。其中，非财政补助结转是指事业单位除财政补助收支以外的各专项资金收入与其相关支出相抵后剩余滚存的、须按规定用途使用的结转资金；非财政补助结余是指事业单位除财政补助收支以外的各非专项资金收入与各非专项资金支出相抵后的余额，包括事业结余和经营结余。

(3) 净资产的确认和计量。事业单位净资产的确认取决于资产和负债的确认；净资产的计量取决于资产和负债的计量结果。

4. 收入

(1) 收入的特征。事业单位收入是指事业单位为实现其职能开展业务活动，依法取得的非偿还性资金。事业单位收入具有四个基本特征：①收入必须依法取得；②收入必须是非偿还性的，需要偿还的资金来源不能作为收入，而是属于负债的范畴；③取得收入是为了补偿支出，而非为营利；④收入有限定性与非限定性之分，比如财政补助收入中的项目支出补助、除了经营收入以外的非财政补助收入中的专项资金收入等就属于限定性用途的收入。

(2) 收入的内容。事业单位的收入包括财政补助收入、事业收入、上级补助收入、附属单位上缴收入、经营收入和其他收入等。

第一，财政补助收入是指事业单位从同级财政部门取得的各类财政拨款，包括基本支出补助和项目支出补助。

第二，事业收入是指事业单位开展专业业务活动及其辅助活动取得的收入。其中：按照国家有关规定应当上缴国库或者财政专户的资金，不计入事业收入；从财政专户核拨给事业单位的资金和经核准不上缴国库或者财政专户的资金，计入事业收入。

第三，上级补助收入是指事业单位从主管部门和上级单位取得的非财政补助收入。

第四，附属单位上缴收入是指事业单位附属独立核算单位按照有关规定上缴的收入。

第五，经营收入是指事业单位在专业业务活动及其辅助活动之外开展非独立核算经营活动取得的收入。

第六，其他收入是指财政补助收入、事业收入、上级补助收入、附属单位上缴收入和经营收入以外的各项收入，包括投资收益、利息收入、捐赠收入等。

（3）收入的确认和计量。事业单位收入的确认一般采用收付实现制，部分经济业务或事项采用权责发生制。采用收付实现制确认的收入，一般应当在收到款项时予以确认，并按照实际收到的金额进行计量；采用权责发生制确认的收入，应当在提供服务或者发出存货，同时收讫价款或者取得索取价款的凭据时予以确认，并按照实际收到的金额或者有关凭据注明的金额进行计量，比如经营收入。

5. 支出或费用

（1）支出或费用的特征。事业单位支出或费用是事业单位为实现其职能或开展业务活动所发生的各项资金耗费或损失。事业单位支出或费用具有三个基本特征：①支出或费用是事业单位为实现职能而发生的；②支出或费用是事业单位的资金耗费或损失；③支出有限定性支出和非限定性支出之分，比如财政补助收入中的项目支出、事业收入和上级补助收入中的专项资金支出等就属于限定性支出。

（2）支出的内容。事业单位支出或费用包括事业支出、经营支出、对附属单位补助支出、上缴上级支出和其他支出。

第一，事业支出是指事业单位开展专业业务活动及其辅助活动发生的基本支出和项目支出。

第二，对附属单位补助支出是指事业单位用财政补助收入之外的收入对附属单位补助发生的支出。

第三，上缴上级支出是指事业单位按照财政部门和主管部门的规定上缴上级单位的支出。

第四，经营支出是指事业单位在专业业务活动及其辅助活动之外开展非独立核算经营活动发生的支出。

第五，其他支出是指事业支出、对附属单位补助支出、上缴上级支出和经营支出以外的各项支出，包括利息支出、捐赠支出等。

(3) 支出或费用的确认和计量。事业单位支出或费用确认一般采用收付实现制，部分经济业务或事项采用权责发生制。采用收付实现制确认的支出，一般应当在实际支付时予以确认，并按照实际支付金额进行计量；采用权责发生制确认的支出或者费用，应当在其发生时予以确认，并按照实际发生额进行计量。

事业单位是设置"支出"要素还是设置"费用"要素取决于事业单位会计制度中规定的会计确认基础。目前除了医院会计和测绘事业单位会计因为实行权责发生制，其会计要素应当以"费用"替代"支出"外，其他事业单位均设置"支出"要素。

事业单位会计要素中，资产、负债、净资产属于静态要素，构筑资产负债表；收入和支出属于动态要素，构筑收入支出表。各会计要素之间相互联系、不可分割。动态要素是静态要素形成的动因，而静态要素是动态要素变动的结果。收入的实现会引起资产的增加或负债的减少；支出的发生会引起资产的减少或负债的增加。

(三) 事业单位会计的会计等式

会计等式，也称会计平衡公式，是对各会计要素的内在经济关系利用数学公式所做的概括表达，是反映各会计要素数量关系的等式。会计等式贯穿于事业单位会计核算的全过程，是设置账户、进行复式记账、试算平衡和编制会计报表的理论依据。事业单位会计的资产、负债、净资产、收入和支出五大会计要素分为两组，组成了两个会计等式。

1. 资产、负债和净资产的基本关系

净资产是资产减去负债后的差额，或者表达为资产必然等于负债加净资产。这说明事业单位所拥有的资产与负债和净资产实际上是同一资金的两

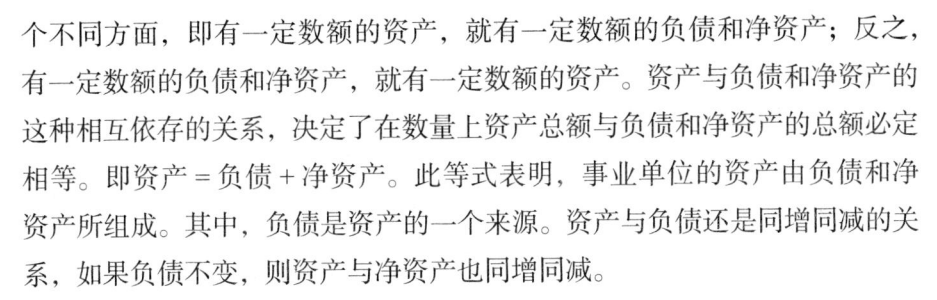

个不同方面,即有一定数额的资产,就有一定数额的负债和净资产;反之,有一定数额的负债和净资产,就有一定数额的资产。资产与负债和净资产的这种相互依存的关系,决定了在数量上资产总额与负债和净资产的总额必定相等。即资产＝负债＋净资产。此等式表明,事业单位的资产由负债和净资产所组成。其中,负债是资产的一个来源。资产与负债还是同增同减的关系,如果负债不变,则资产与净资产也同增同减。

2.收入和支出的基本关系

事业单位为实现其职能、开展业务活动,必然会依法取得一定数额的收入,也必然发生一定数额的支出,收支相抵后的差额为结余。由此决定了事业单位的收入和支出的差额必然与其结转和结余数额相等。即收入－支出＝结转和结余。此等式表明,收入与支出存在着对应关系,但绝不是企业会计中的收入与费用的配比关系。结转和结余是事业单位净资产的一个组成部分,虽然决定着净资产的变化,但它并不是一个独立的会计要素,不同于企业会计中的利润。

第二节　事业单位财务处理程序

"账务处理程序作为会计工作体制的一个重要方面,其对于会计信息质量也有直接的影响。"[①]

一、记账凭证账务处理程序

记账凭证账务处理程序是最基本的账务处理程序,是其他账务处理程序的基础,其特点是根据记账凭证逐笔登记总账。采用记账凭证账务处理程序,一般设置三栏式出纳账和总账以及多种格式的明细账;记账凭证既可采用通用格式,也可以采用专用格式。

(一)记账凭证账务处理的一般程序

记账凭证账务处理的一般程序主要包括:①根据原始凭证、原始凭证汇

---

① 王朋才.账务处理程序改革初探[J].会计之友(上旬刊),2009(01):19.

总表填制记账凭证；②根据收付款凭证登记出纳账；③根据记账凭证及所附原始凭证登记明细账；④根据记账凭证逐笔登记总账；⑤月末，将日记账、明细账分别与总账进行核对；⑥月末，根据总账和明细账的资料编制会计报表。

程序中的②③④三个步骤，并不是依次登记，而是分别进行的，其记账人员、记账时间各有不同：现金日记账、银行存款日记账由出纳员每日序时逐笔地进行登记；各种明细分类账由不同岗位的若干会计人员每日及时地进行登记；总分类账由总账会计可以每隔几日集中进行登记。

（二）记账凭证账务处理的优缺点和适用范围

记账凭证账务处理程序直接根据各种记账凭证逐笔登记总账，优点是：①账务处理程序简单明了，易于学习和掌握；②总账能详细记录和反映经济业务的发生和完成情况，对业务较少的科目，总账可代替明细账。缺点是登记总账的工作量较大。一般适用于经营规模较小、经济业务量较少和记账凭证不多的单位。

二、科目汇总表账务处理程序

科目汇总表账务处理程序，又称记账凭证汇总表账务处理程序，是指先根据记账凭证定期编制科目汇总表，再根据科目汇总表登记总分类账的一种账务处理程序。科目汇总表账务处理程序的特点是先将所有记账凭证汇总编制成科目汇总表，然后以科目汇总表为依据登记总分类账。

（一）科目汇总表的编制方法

科目汇总表，又称记账凭证汇总表，通常是企业定期对全部记账凭证进行汇总后，按照不同的会计科目分别列示各账户借方发生额和贷方发生额的一种汇总凭证。

科目汇总表的编制方法是根据一定时期内的全部记账凭证，按照不同会计科目进行归类，定期汇总出每一个账户的借方本期发生额和贷方本期发生额，并填写在科目汇总表的相关栏内。科目汇总表可每月编制一张，按旬汇总，也可每旬汇总一次编制一张。任何格式的科目汇总表，都只反映各个账户的借方本期发生额和贷方本期发生额，不反映各个账户之间的对应关系。

为了便于科目汇总表的汇总编制，实际工作中还应注意以下内容：

第一，科目汇总表汇总的间隔时间应根据各单位业务量的多少而定，如果业务量多，时间可以短一些，业务量少，时间可以长一些，但一般不宜过长。可以3天、5天汇总编制，也可以按旬汇总或按月汇总。将借方、贷方发生额分别汇总，计算出每个总账科目的借方本期发生额、贷方本期发生额，并填列在科目汇总表的相关栏内。按总账科目汇总完后，再将全部总账科目的借方发生额、贷方发生额分别汇总，进行借贷试算平衡。

第二，在科目汇总表上，还应注明据以编制的各种记账凭证的起讫字号，以备检查。

(二) 科目汇总表账务处理程序的一般步骤

科目汇总表账务处理程序的一般步骤主要包括：①根据有关原始凭证填制汇总原始凭证；②根据原始凭证或汇总原始凭证填制记账凭证；③根据收款凭证、付款凭证逐笔登记库存现金日记账和银行存款日记账；④根据原始凭证、汇总原始凭证和记账凭证登记各种明细分类账；⑤根据各种记账凭证编制科目汇总表；⑥根据科目汇总表登记总分类账；⑦期末，将库存现金日记账、银行存款日记账和明细分类账的余额同有关总分类账的余额核对相符；⑧期末，根据总分类账和明细分类账的记录编制财务报表。

三、汇总记账凭证财务处理程序

汇总记账凭证核算组织程序是定期根据记账凭证分类汇总，编制汇总记账凭证，并据以登记总分类账的一种核算组织程序。科目汇总表核算组织程序虽然大大减少了登记总账的工作量，但不能反映账户之间的对应关系，不便于经济业务的分析和检查，而汇总记账凭证核算组织程序正是针对此缺点而设计的，不仅能减少登账的工作量，而且还能体现经济业务的来龙去脉。汇总记账凭证核算组织程序的特点是定期将全部记账凭证按收款凭证、付款凭证和转账凭证分类汇总，分别编制汇总收款凭证、汇总付款凭证、汇总转账凭证，再根据汇总记账凭证登记总账。

(一) 记账凭证的设置

在汇总记账凭证核算组织程序下，设置的记账凭证有两种类型：①收款凭证、付款凭证和转账凭证等专用记账凭证，据以登记明细分类账，此核算组织程序下因为对记账凭证分类汇总，所以不能使用通用记账凭证；②与收款凭证、付款凭证和转账凭证设置相对应的汇总收款凭证、汇总付款凭证和汇总转账凭证，据以登记总账。

(二) 账簿的设置

账簿主要有三栏式订本现金日记账、银行存款日记账。明细账根据记录的经济业务内容，采用三栏式、数量金额式或多栏式的活页账；总账一般采用三栏式订本账，也可以采用多栏的棋盘式总账。

(三) 汇总记账凭证的编制方法

汇总记账凭证分为汇总收款凭证、汇总付款凭证和汇总转账凭证，是定期分别根据收款凭证、付款凭证和转账凭证进行汇总编制的。汇总的间隔时间根据业务量而定，一般为5天或10天，每月汇总填制一张，月末结出合计数，把合计数登记到总账的相应账户中。

1. 汇总收款凭证的编制方法

汇总收款凭证汇总了一定时期内库存现金和银行存款的收款业务，按库存现金和银行存款科目分别进行汇总编制。具体编制方法为：分别按"库存现金"和"银行存款"科目的借方设置汇总收款凭证，按其对应的贷方账户进行汇总，计算出每一个贷方账户发生额合计数，填入汇总收款凭证中。

2. 汇总付款凭证的编制方法

汇总付款凭证汇总了一定时期内库存现金和银行存款的付款业务，按库存现金和银行存款科目分别进行汇总编制。具体编制方法为：分别按"库存现金"和"银行存款"科目的贷方设置汇总付款凭证，按其对应的借方账户进行汇总，计算出每一个借方账户的发生额合计数，填入汇总付款凭证中。

3. 汇总转账凭证的编制方法

汇总转账凭证用来汇总一定时期内的转账业务，按照转账凭证中每一贷方科目分别设置。具体编制方法为：按转账凭证的每一个贷方账户设置，按其对应的借方科目进行汇总，计算出每一个借方科目发生额合计数，填入汇总转账凭证中。

由于汇总转账凭证按有关账户的贷方设置，按对应的借方科目进行汇总，所以此种核算程序下转账凭证只能是一借一贷和一贷多借，不能是一借多贷和多借多贷。

（四）汇总记账凭证核算组织程序的一般步骤

第一，根据原始凭证或汇总原始凭证编制记账凭证。

第二，根据收款凭证和付款凭证逐笔逐日登记现金日记账和银行存款日记账。

第三，根据原始凭证、汇总原始凭证和记账凭证逐笔登记各种明细分类账。

第四，根据一定时期的记账凭证，编制汇总收款凭证、汇总付款凭证和汇总转账凭证。

第五，期末根据汇总记账凭证登记总分类账。登记总账时，月末根据汇总收款凭证中每一个账户的合计数，计入"库存现金"和"银行存款"总账账户的借方，以及该账户的贷方；根据汇总付款凭证中每一个账户的合计数，计入"库存现金"和"银行存款"总账账户的贷方，以及该账户的借方；根据每一张汇总转账凭证中每一个账户的合计数，分别过入总账中有关账户的借方和贷方。

第六，期末将现金日记账、银行存款日记账以及各种明细分类账的余额及发生额合计数，分别与总分类账中有关账户的余额及发生额合计数核对相符。

第七，根据核对无误的总分类账和明细分类账记录和其他会计资料，编制账务报表。

（五）汇总记账凭证核算组织程序的优缺点和适用范围

汇总记账凭证核算组织程序的优点包括：①汇总记账凭证是按照会计科目的对应关系进行汇总编制的，能够清晰地反映账户之间的对应关系，能够了解经济业务的来龙去脉；②总账根据汇总记账凭证的发生额合计数期末登记一次，从而减少了登记总账的工作量。

汇总记账凭证核算组织程序的缺点是对发生的经济业务先填制记账凭证，再填制汇总记账凭证，因此增加了编制汇总记账凭证的工作量，尤其是业务量少的单位不仅起不到减少工作量的目的，反而会增加会计人员的工作量。

汇总记账凭证核算组织程序的适用范围：在采用手工记账方式下，该种核算组织程序适用于规模大、经济业务多，尤其是现金、银行存款收付业务较多的会计主体。

四、财产清查

企业各种财产物资的增减变动和结存情况，通过会计凭证的填制与审核、账簿的登记与核对，已经在账簿体系中得到了正确反映，但账簿记录的正确性并不足以说明各种财产物资实际结存情况是正确的。在具体会计工作中，即使是在账证相符、账账相符的情况下，财产物资的账面数与实际结存数仍可能存在不一致的情况。根据资产管理制度及为编制财务报表提供正确可靠的核算资料的要求，必须使账簿中所反映的有关财产物资和债权债务的结存数额与其实际数额保持一致，做到账实相符。因此，必须运用财产清查这一会计核算的专门方法。

所谓财产清查，是指通过对货币资金、实物资产和往来款项等财产物资进行盘点或核对，确定其实存数，查明账存数与实存数是否相符的一种专门方法。

（一）财产清查的地位

第一，财产清查是保证账簿所提供的资料更为真实客观的一种方法。财产清查是从会计记录的结果与实物财产的实有状况是否吻合的角度进行检验和处理的方法。为使各项财产物资的账面数与其实际状况完全相符，就需要进行财产清查，将清查结果与账面记录核对，并在发现二者不一致时及时进行处理，使其能够达到完全吻合，保证账簿记录所提供的资料更为真实客观，保证会计处理上的真实、完整和可靠。

第二，财产清查是保证企业报告的会计信息可靠的一种方法。财产清查方法的应用可以为财务报告的编制提供可靠数据，使财务报告所提供的信息更加真实、公允。编制财务报告是账簿登记的延续，是加工整理并提供会计信息所采用的具体方法。但财务报告的编制必须以账簿记录的真实、完整和可靠为基本前提，而账簿记录真实、完整和可靠的一个重要方面是各种财产物资的实有数与其账簿记录相符。财产清查方法的应用可以达到使二者之间完全相符的目的，从而使财务报告的编制建立在更加可靠的基础上，切实提供企业真实、完整的财务状况和经营成果信息，真正为财务报告使用者进行经济决策提供有益的帮助。

(二) 财产清查的意义

1. 确保账实相符

实际中，由于诸多因素的影响，财产物资等的账面记录情况与其实际状况之间有时会出现差异。例如，自然损耗，收发过程中计量不准确，自然灾害的破坏等，都会引起企业资产的流失和短缺，从而导致各种财产物资的实际情况与其账簿记录不符，即账实不符。企业的债权也有可能由于债务人清偿能力的不足，或清算、破产等原因，不能按预期收回或不能足额收回。因此，为了保证账簿记录的真实准确，确保账实相符和企业财产的安全完整，就必须采用财产清查方法，对企业的各种财产定期或不定期地进行清查。

2. 确保财务报告质量

企业进行财产清查的根本目的在于切实反映资产的状况，通过对财产进行清查，及时反映由于某些特殊原因（如盘盈、盘亏或毁损）增加或减少的资产，切实确认企业的债权债务，并经过会计处理，使企业的财产物资和债权债务等与其账面记录达到完全一致，使账簿记录能够真实地反映企业的资产、负债情况。企业的资产、负债状况是企业财务状况的主要构成部分，也是企业向财务报告使用者提供的会计信息的主要内容。因而，进行财产清查，核实企业资产的真实结存数额等，是保证财务报告质量的基础和前提。

(三) 财产清查的一般程序

财产清查既是会计核算的一种专门方法，又是财产物资管理的一项重要制度。为了保证财产清查工作的顺利进行，企业必须有计划、有组织地进行财产清查。财产清查一般包括以下程序：

第一，建立财产清查组织。成立由财会部门、资产管理和使用部门的业务领导、专业人员及有关职工代表组成的清查组织，负责组织领导和实施该项工作。其任务是制订具体的清查计划，安排合理的工作进度，配备足够的清查人员；清查过程中，做好清查质量的监督工作；清查完毕后，应将清查结果及处理意见上报有关部门审批处理。

第二，组织财产清查人员学习有关政策规定，掌握有关法律、法规和相关业务知识，以提高财产清查工作的质量。

第三，确定清查对象、范围，明确清查任务。

第四，制订清查方案，具体安排清查内容、时间、步骤、方法，以及必要的财产清查前准备。例如，应将清查日前所有的资产账簿登记齐全，并结出账面余额，做到账账相符，以便确定账实之间的差异；应将其使用和保管的各项资产，按其自然属性予以整理，有序排列，整齐堆放，并利用标签注明资产的品种、规格和结存的数量，以方便盘点核对；应准备好盘点清册(如盘点表、账存实存对比表等)和计量工具，校正度量器，以保证盘点结果的准确可靠。

第五，财产清查时，本着先清查数量、核对有关账簿记录等，后认定质量的原则进行。

第六，填制盘存清单。

第七，根据盘存清单，填制实物、往来款项清查结果报告表。

(四) 财产清查的方法

1.库存现金的清查

库存现金的清查是通过实地盘点的方法来进行，确定库存现金的实存数，再与现金日记账的账面结存数进行核对，以确认账实是否相符。盘点时，出纳员必须在场，不能用白条抵库，也不能坐支现金。盘点结束后，应根据盘点结果填制"现金盘点报告单"，并由清查人员和出纳员签章。"现金盘点报告单"也是重要的原始凭证，它同时具有"盘存单"和"账存实存对比表"的作用。

2. 往来款项的清查

往来款项的清查一般采用发函询证的方法进行。先检查本企业各项往来款项记录的正确性和完整性，然后编制往来款项对账单，寄往对方单位进行核对。对账单可以编制一式两联，其中一联作为回单。对方单位核对后，如果相符，应在对账单上盖章后寄回；如不相符，应在对账单上注明不符的情况，或者另抄对账单寄回，作为进一步核对的依据。在核对过程中，如发现未达账项，双方都应采用调节账面余额的办法，核对往来款项是否相符。通过往来款项的清查，还应查明双方是否存在有争议的款项和没有希望收回的款项，以便及时采取措施，避免或减少损失。

3. 银行存款的清查

银行存款的清查是采用与开户银行核对账目的方法进行的，即将本单位的银行存款日记账的账簿记录与开户银行转来的对账单逐笔进行核对，来查明银行存款的实有数额。银行存款的清查一般在月末进行。

一般情况下，开户银行会定期将一定时期内单位在该行存款的变化和结存情况，以"对账单"的形式转给存款单位，供其核对。单位接到银行对账单后，应与银行存款日记账逐笔核对其发生额及余额。

4. 存货清查的方法

进行存货清查的基本做法是实地盘点法。由于存货的实物形态和存放及使用方式等各不相同，因此对其进行清查的做法也有所不同。具体的方法如下：

（1）全面盘点法。全面盘点法是对企业的所有存货通过点数、过磅和丈量等方法确定所有存货的实有数。这种方法一般适用于原材料、包装物、在产品和库存商品等存货的清查。

（2）技术推算法。技术推算法是指利用技术推断方法确定存货实有数的一种方法。这种方法一般适用于零散堆放的大宗材料等存货的清查。

（3）抽样盘存法。抽样盘存法是指采用抽取一定数量样品的方式确定存货实有数的一种方法。这种方法一般适用于数量比较多、重量和体积等都比较均衡的存货的清查。

（4）函证核对法。函证核对法是指采用向对方发函的方式对存货的实有数进行确定的一种方法。这种方法一般适用于委托外单位加工或保管的存货的清查。将实地盘点或核对的结果分别与其账面的结存数进行核对，可以确定存货的账实是否相符。

第三节　事业单位财务制度建设

自2019年1月1日起，《政府会计准则制度》在全国各级各类事业单位全面施行。分析研究政府会计制度对于事业单位财务制度的建设具有重要作用。

一、政府会计制度与财务制度的关系

"双体系"政府会计制度的贯彻实施，使事业单位的内部环境发生了巨大的变化，财务管理的导向意识在不断加强。厘清政府会计制度与财务规则之间的关系，有利于相关部门修订完善《事业单位财务规则》，反映精细化管理的需求，以更好地促进政府会计制度的有效实施，强化对事业单位会计信息质量的要求。

政府会计制度与财务制度之间是相互联系、相互影响的，二者作为政府组织管理体制中的一部分，都是由财政部门公布实施，共同为公共产品、公共服务的产生提供监督服务，进而有效落实"善治"要求，维护政府公信力。如果按照常规制度建设的要求，在政府会计制度改革之前就先行完善财务规则，那么就能够为政府会计制度的贯彻执行保驾护航，提高单位领导的意识，推动制度更有效地落地。但在建立了"双体系"的政府会计系统之后，再推动单位财务管理制度的发展，则是为其提供了全面完整的信息基础，提高了财务规则的有效性与实用性。

财务制度作为开展财务活动、协调财务关系的基本规范，本质是对相关财务活动的管理，确立单位的财务目标或者长期发展战略，重点在于决策，需要制定严格的管理条例，明确划分财务管理中的具体职责，将责任落实到具体的部门和个人。单位财务管理行为涵盖范围较广，根据《事业单位财务规则》，其管理行为涉及资金的筹措与使用，以及对资产、负债、净资产、预算收支与结余的管理。

政府会计侧重于对经济事项的核算，用于确认和记录政府部门财务收支活动和资产负债情况，报告政府受社会公众委托，管理经济资源和保障社会事务工作的履行情况，目的在于规范政府会计处理，提供真实可靠的信息，与财务制度在调整对象上具有一定的区别。

财务规则中对会计要素的定义和分类与政府会计制度不同。以资产为例，当今实施的准则开始强调"控制"的概念，这是对过去的"持有"要求的提升，增加了行政事业单位资产确认的条件；对资产的管理方法，也从单一的与预算管理相结合、注重资产清查变为以价值计量为基础，规范全资产的管理内容。以会计要素为基础的财务管理，是价值管理的先决条件，可以促进对要素项目的管理，提升资源配置与使用效率，实现绩效的最大化。

二、政府会计制度对事业单位财务制度的影响

(一) 财务职能转变

政府会计改革强化了财务会计的职能，会计目标具有双重性，需要履行对外受托责任与提供决策有用的信息，实现交易成本的降低和经济绩效的提高，便于做出经济决策和进行社会管理。财务注重对事物的管理，除了收入、支出和预算管理外，还包括资产、负债、资金、成本等方面的管理。当前的财务制度已出现许多局限性，也导致了财务工作在具体实施过程中出现各种问题，影响了财务工作的质量，造成单位财务管理始终无法取得有效的成果。

现行财务规则中并未明确指出财务管理的职能与目标，仅要求规范事业单位的财务行为，完善财务管理和监督，提高资金使用效益。仅保证预算的合规性与执行的有效性是不能满足政府与社会公众对信息的需求的，须进一步明确会计目标，与政府会计制度协调一致，完整反映政府和单位资产负债管理和运行成本。作为一种制度化的管理手段，在经历了核算、分析、管理等阶段，在建立政府成本会计、绩效评价机制的要求下，发挥服务职能成为财务管理的重要作用，这是财务管理工作的延伸。进而有效提升事业单位财务数据的有用性，优化对资源的整合，降低交易成本，提升财务行为协同程度，收获最大化整合效应。

(二) 财务功能拓展

政府会计制度致力于全面反映政府经济资源、现时义务和收入、费用等经济活动全貌,为政府成本会计的构建奠定了基础。为提高政府公信力,对信息公开的要求不断加强,这意味着政府的财务状况、业绩情况和运营效率都成为政府是否有效履行受托责任的参考内容。因而,财务管理范围在不断扩大,不再局限于会计核算,还需要具备引导、评价和激励财务行为的功能,并为报表分析、财务风险防范提供参考依据,这些功能的有效发挥在很大程度上依赖于财务制度的建设与实施的有效性。

以资产为例,政府财务会计的目标是要对外提供与绩效管理有关的信息,权责发生制的政府综合财务报告和国有资产报告制度都要求厘清家底和扎实资产管理基础数据的准备工作,而政务公开又给公民接触这些信息提供了条件。只有完善政府财务制度,提高财务管理水平,才能交还给公众一本"明白账"。换言之,财务制度在以资金控制为核心,只注重预算会计的基础上,要确保公共资源的使用与配置,充分反映政府战略,满足经济社会发展需求。财务制度需要在围绕以资金控制为主的预算体系的基础上,进一步结合政府成本管理与绩效管理,完善资产、负债制度,注重运营协调能力、决策与管理控制能力、评价与价值增值,有效整合这些内容,实现对财务活动全过程的管理。对于众多的财务数据,明确分析方法、内容和财务指标评价,将工作职能分配到各个部门,并在部门内对职责权限进行细化,形成一个互相监督、互相制约的财务管理机制。

(三) 财务基础强化

政府财务管理行为的基础是政府会计的最终产品,即政府会计信息。相比之前预算会计体系下的信息,政府会计信息更透明地展示了政府部门包括收入支出的基础信息及有关政府"花好(纳税人的)钱"的效率方面的信息,格式化的随意性信息减少,更好地传递了有关政府治理能力与治理状况的信号。同时,作为信息公开的方式,政府综合财务报告在倒逼单位内部落实政府会计制度,提供全面、真实、准确的信息。正是因为政府会计制度的贯彻实施,让政府会计体系中具备了科学规范的信息核算程序和真实准确的信息披露途径，这就实现了有效核算，并降低了政府理财的成本。

在国家治理现代化的要求下，政府会计准则体系渗透到了公共部门治理的各个层面，在强化了财务会计的功能后，财务会计不再仅仅为预算管理服务，政府部门可依据这些财务信息，进行财务分析，服务于单位的预算、决策、运营、管理等活动，促进公共资源的有效利用，提高单位的治理能力，满足政府履行受托责任的目标，以及向公众提供有用的决策信息。

三、改进政府财务制度的举措

(一) 政府会计制度与财务制度相协调

财务制度本身是否具有科学性、适用性与可行性，在很大程度上会影响财务管理的有效程度。在政府会计准则体系实现制度内部的财务会计与预算会计的整合、各要素确认与计量之间的协调、财务报告披露模式的协调及会计要素与报告之间一致性的协调之后，更要确保政府会计制度与财务制度的协调。在政府会计制度的影响下，《事业单位财务规则》需要做出充分的调整，以实现与政府会计体系的协调，真正发挥其指导单位财务工作的作用。政府会计改革中，不再区分行政与事业单位，而是将各项制度整合，统一出台一套制度，财务规则也可按此思路，将行政事业单位与各行业间的财务规则整合归纳成一整套与会计制度相匹配的财务制度。

为了有效发挥两套制度的不同作用，需要在制定财务规则时侧重于满足单位的决策需要，在统一各项要素定义和确认条件的基础上，制定预算管理、收支管理、财务监督等方面的规章制度，补充说明部分在政府会计制度中未能完全厘清的事项，如坏账准备计提、预计负债等，有效实现财务制度为会计制度的落地保驾护航的功能。

与政府会计制度相协调的财务制度在保障单位财务活动正常运转的同时，更要确保会计信息的相关可靠。财务管理的一项重要功能就是财务预测，而这需要大量真实可靠的信息作为支撑。政府会计制度能够提供这些信息，但需要它与财务制度保持一致。财务制度负责对单位财务行为进行动态管理，会计制度为会计核算提供静态信息，给财务决策提供支持，二者相互协调。二者管理的对象需要一致，都是政府的资金运动，政府会计制度对资

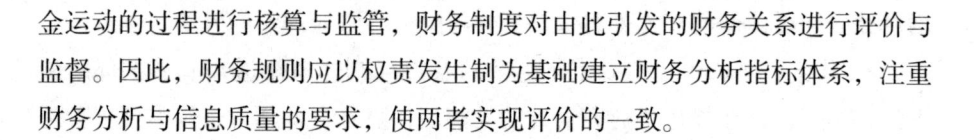

金运动的过程进行核算与监管，财务制度对由此引发的财务关系进行评价与监督。因此，财务规则应以权责发生制为基础建立财务分析指标体系，注重财务分析与信息质量的要求，使两者实现评价的一致。

（二）实现财务制度的全过程管理机制

财务管理作为一种经济管理手段，能够通过财务分析方法履行其职能，分析政府会计提供的信息，归纳存在的问题，解构政府会计技术层面与宏观经济发展不协调的地方，找准财务管理中的薄弱环节，为政府会计的完善与发展提供技术支持与方向校正。为此，通过财务控制进行动态的纠错，及时解决偏离管理目标的事项，形成完整的反馈机制，才能让财务管理体系成为政府治理的有效手段，并结合政府审计实现对财务体系的监督和财务风险的防范，确保政府会计提供信息的客观与合理。单位不再单纯重视预算的执行情况，也对执行效果进行绩效评价，健全相关财务制度，修订财务规定，进一步规范经济活动，加强对资产状况、债务风险、成本费用、预算执行情况的分析，三年滚动预算必须引入权责发生制，促进预算管理、资产负债管理和绩效管理的有机衔接。

第一，下一步财务制度的完善要明确方向和方法，即厘清单位主体拥有的权利和承担的责任，确定当前的管理目标并按此方向做出行动。

第二，由于政府部门内委托代理问题的存在，财务制度要有效预防和揭露不符合规则的财务行为，并及时纠正，降低财务活动的不确定性和交易成本。

第三，为确保政府会计制度的有效实施，需要建立绩效考评机制，定期或不定期地监督相关利益主体的财务行为和相关人员的履职状况，并建立可量化的评价机制，将绩效评价在财务规则中体现出来。

第四，作为行为管理机制的财务制度，应以评价结果为依据，对财务活动中的价值增值和减值行为给予及时、恰当的正负激励，以实现权、责、利三者之间的均衡，从而为激励财务活动中行为主体按规则尽心、高效办事提供行为动力。即财务制度还应通过动力机制的建立营造激励功能，使得财务行为结果与主体利益挂钩，进而实现行为激励。

(三) 创新控制活动和财务管理方式

自 2014 年颁布《行政事业单位内部控制规范 (试行)》起，许多单位就建立了适应自身需要的内部控制制度和风险控制制度。但就具体的实施效果而言，内控的监督作用难以真正发挥。从管理控制角度来看，一定要将财务管理的控制活动贯穿于各个环节中，通过批准、授权、核查、调节、资产安全及职责分离等方式，实现财务管理方式的创新，确保对各职能组织和经营组织工作的有效控制，保证财务战略和财务决策目标的实现。

政府会计准则体系中对会计信息质量的要求和构建的"3+5 要素"的会计核算模式，将大力促进单位内部控制制度和财务制度的建立和有效实施。在修改《事业单位财务规则》之前，须认真研究各项具体准则与政府会计制度，充分了解制度要求，理解准则精神，财务制度的完善须结合内部控制规范在单位层面和业务层面的要求，使财务制度完美契合政府会计改革的要求。在单位层面上，制度中须明确业务环节，分析风险隐患，完善风险评估机制，制定风险应对策略，单位负责人加强重视，直接领导业务流程的全面梳理；在业务层面上，内部控制业务的建设要与财务管理结合起来，强化财务管理结果及绩效评价的真实性和科学性。

第二章　事业单位财务管理实务

随着社会经济的发展，事业单位的改革也在不断进行当中，因此需要加强对事业单位财务管理体制改革。本章主要论述事业单位预算管理分析、事业单位收入与支出核算、事业单位资产与负债核算、事业单位财务报表的编制。

第一节　事业单位预算管理分析

一、事业单位全面预算管理

(一) 事业单位全面预算管理的内涵与特征

"全面预算管理是事业单位对可预期的未来经济活动所开展的一种计划、绩效评价以及控制，其主要目的是确保资金的规范性与高效性使用，并且为促进事业单位的良性、可持续发展奠定基础。"[①] 全面预算的内涵是由全员、全额、全程这三方面组成的：全员指的是让每一个与预算相关人员参与到预算编制中来，预算指标分解到每一名参与人员身上，人人树立预算意识；全额是指预算金额的总体性，对于事业单位来说不仅包括财政拨款，还包括政府公益金和一些自有收入等；全程是指对预算管理流程要实施全面控制，是要通过预算的执行与监控、预算的分析与调整、预算的考核与评价，真正发挥预算管理的权威性以及对各种财务活动的指导作用。

事业单位全面预算具有四个特征：①统一性，即要求包括单位的一切事务；②年度性，事业单位每年都向本级财政部门呈递预算；③明确性，即应让公众理解并审查其内容；④公开性，即要求预算成为公开文件，其内容能

---
① 甘春艳.事业单位全面预算管理相关问题探讨[J].质量与市场，2022(24)：64.

被全社会了解。

预算还是管理的工具，好的政策依赖好的预算管理。在促进政策目标的整个资金流动过程中，预算管理起着关键作用。早期的预算管理更多地强调合规性，对公共资金使用所产生的结果未给予充分关注。片面强调合规的传统预算理念已不适应时代变化的要求，赋予机构管理灵活性对于有效地利用资源、达成既定目标非常重要。

（二）事业单位全面预算管理的目标和原则

1. 事业单位全面预算管理的目标

经济政策的基本目标可界定为增长、平等和稳定。如果没有促进宏观经济稳定和社会平等的政策，经济增长就是不可持续的。因为这三个目标之间也会产生矛盾，所以在预算中要把这三个目标综合起来考虑。这一框架应致力于追求三个关键的公共支出管理目标和两个一般目标。

预算作为最重要的政策文件，预算管理应同时追求经济政策的三大目标。经济政策的三项一般性目标就转化为全面预算管理的三个关键目标，即财政纪律与总量控制、基于政策优先性资源配置以及营运管理与运作效率。其中财政纪律和总量控制是所有预算制度的首要任务。基于政策优先性的资源配置有效不仅意味着政府引导资源增量转向新的更高优先级用途，还意味着将资金从低价值的用途转向高价值用途的意向和程序。运营效率要求推动支出机构提高服务交付的生产率，从而降低政府购买货物和服务的成本。

两个一般目标分别为合规性以及管理财政风险，这也是预算管理的基本要求。合规性意味着预算管理过程的所有参与者，必须严格遵守国家有关的法律法规及规章制度。风险可以定义为损失和收益的不确定性，风险控制主要针对消极的而不是积极的风险，也就是那些可能造成损失的风险。风险管理的目标是控制风险损失，通常有三种方法：转移风险、消除或减少风险、承担风险。在任何情况下，对风险进行精准的确认，并对风险进行评定；确认风险时，尽可能对风险进行量化，并确定它的来源、性质等属性；评估风险要求对风险的严重性和频率进行计量，确认和评估的结果应予公布。

2. 事业单位全面预算管理的原则

事业单位在进行全面预算管理应做到六点：①在做预算编制时，采用科学合理的方法，力求预算的精确性；②在预算执行时，严格按照《中华人民共和国预算法》(以下简称《预算法》)的要求进行支出，做到厉行节约，减少铺张浪费；③在预算监控时，要对每一笔支出进行实时监控，确保符合法律条例规定，对不符合规定的及时进行调整；④在预算考核时，建立科学合理并且可操作性强的预算考核体系，对预算执行进行考核，确保预算资金的使用效率，避免低效率的产生；⑤年末决算要认真填报，做到账实相符；⑥在资产使用管理方面，合理配置资产资源，提高资产使用效率，防止资产流失。

预算编制做到科学合理，是事业单位提高资金使用效益和效率的关键性因素，可以细化事业单位预决算公开内容，逐步将部门预决算公开到基本支出和项目支出。

事业单位的全面预算管理必须遵照以下原则实施：

(1)坚持合法合规的原则。在编制事业单位预算时，要按照国家的法规和政策方针有关规定和单位的工作任务和目标进行。

(2)坚持完整性和统一性原则。在编制事业单位预算时，要涵盖所有的收入，不仅仅是财政补助收入，并且收支的口径要和国家《预算法》要求一致。

(3)坚持以收定支、收支平衡的原则。编制预算要保证收支平衡、略有结余，严禁编制赤字预算。

(4)坚持统筹兼顾、保证重点的原则。考虑到单位的发展目标和国家的财政收入水平，分清轻重缓急，保障重点项目的资金。

(5)坚持勤俭节约、注重绩效的原则。尽最大限度增加收入、节约支出，提高预算资金的使用效率水平。

(三)事业单位全面预算管理组织设置模式

全面预算管理的组织设置模式通常如下：

1.预算管理委员会

预算管理委员会在全面预算管理的组织结构中起着枢纽的作用。它的构成有单位负责人和部门主管。它的工作任务包括：①拟定预算管理的相关规定、章程、规范等；②提出预算编制方针和程序并确定年度发展目标及事业计划；③审查并确定单位所有的预算草案；④审阅实际执行与预算差异的汇报；⑤预算管委会经过调研若发现有需要，做出预算调整的决定。

2. 预算管理办公室

预算管理办公室是直接服务于预算管理委员会的机构。它承担着组织单位员工完成预算管理工作，并对各部门之间的障碍进行沟通与协调的职能。它可以对预算管理委员会直接汇报工作。它的工作任务包括：①拟定预算管理工作的相关条例；②制定根据单位事业发展的总体目标；③提出年度工作计划的预算编制要求；④对各部门编制预算的人员进行培训；⑤对各部门上报的预算进行审核和汇总；⑥对提出预算调整的方案进行汇总；⑦对预算执行效果进行考核和评估；⑧监督和控制预算执行情况，完成预算年度的总目标；⑨对预算过程中的所有情况向预算管理委员会进行相关汇报。

(四) 事业单位全面预算管理流程循环

全面预算管理系统包括预算编制、预算执行、预算监控、预算考核四个方面，这四个方面相辅相成，相互影响。为了达到事业单位设定的总体目标，在实行全面预算管理时应完善全面预算管理运行流程；从科学编制预算开始，严格约束每一项经济活动，形成有效的预算执行信息；加强对预算的监管与控制，及时进行预算分析；当实际情况出现偏差时，立即采取措施进行预算调整，确保总目标的实现。实行考评奖惩和激励，也是实现单位的战略目标。全面预算管理强化预算管理的目标性，预算管理目标与单位战略目标的协同性，使预算控制的力度和作用得以发挥。全面预算管理要包括预算分析、预算考评和激励，从而使整个流程更加科学化。

(五) 事业单位预算编制

1. 事业单位预算编制的原则

事业单位在编制预算时，应深入贯彻新《预算法》和《行政事业单位内部控制规范》，完善基本支出定额标准体系，加快推进项目支出定额标准体系建设，充分发挥支出标准在预算编制和管理中的基础支撑作用。由于事业单位预算是由各事业单位按照财政部门预算编制要求进行编制的，应在领会和把握预算编制相关规定的基础上，结合本单位各部门的具体职责研究确定计划年度的工作任务，经单位预算管理委员会审核通过后，再根据相关基本数字和各项收支标准采用"零基预算法"准确编制本单位预算。事业单位预算编制必须遵循一定原则，才能编制出合理且有参考价值的高质量预算。

原则是编制部门预算的前提条件，加强事业单位部门编制预算的原则性，使预算编制工作更加严谨。具体原则体现在以下方面：

(1) 以国家的各项政策和法律作为依据。

(2) 将当地的经济发展水平作为关键因素。

(3) 对预算的把握是收支平衡，尽量减少结余。

(4) 必须遵循完整性原则。部门预算的编制中要涉及单位所有的收入和支出。

(5) 必须遵循真实性原则。编制预算的有关所有数据的预测要有依据，不可随便估计；对机关运行经费进行严格管理，加快制定机关运行经费实物定额和服务标准；加强人员编制管理和资产管理，完善人员编制、资产管理与预算管理相结合的机制。

(6) 统一性原则。部门预算编制时对于同一类别的预算项目要用一致的预算科目，编制预算时，对收支标准的规定也要相统一。

(7) 年度性原则。事业单位编制预算时，要和财政年度相一致。

(8) 讲政治的原则。事业单位的预算编制要基于自身强烈的政治责任感。

2. 事业单位预算编制的方法

零基预算法的本质是不考虑过去年度项目费用的影响，根据实际情况确定项目预算的数额。这就要求单位做到充分了解自身的资源情况，经过认真调查，配置资源，编制预算，并对预算进行考核；在编制预算时，着重分析项目的成本效益情况，按照轻重缓急安排项目的优先次序。零基预算排除了以前年度预算的不合理因素，从投入和效率的角度，合理安排项目，从而提高财政资金的使用效率，避免了过去采用基数调整的不科学的预算编制方法，零基预算提高了预算编制的准确性。

3. 事业单位预算编制的程序

我国事业单位的部门预算是现代政府预算的组成部分，一般要经过以下阶段：

(1) "一上"：财政部门布置预算工作，对预算单位进行编报事项及软件操作进行培训，基层预算单位根据预计收支规模、结构和具体工作情况编制本单位在预算年度收入和支出的预计数并上报上级主管部门。上级主管部门根据国务院、本级政府对编制预算的政策方针和财政部门下达的具体要求，对下属二级单位的预算数进行初审，报单位所属本级政府主管领导统筹调剂，之后将审核通过后的本级及二级单位的预算申请数和项目文本上报财政部门。

（2）"一下"：财政部门对"一上"部门预算进行审核、筛选、事前绩效评估，根据上年度决算数据以及当年实际收入审核部门的收入预算情况，形成部门预算初步安排建议，报请财政部门所属本级政府主管领导审阅同意后，下达各部门预算"一下"控制数。

（3）"二上"：各主管部门根据"一下"预算控制数指导所属预算单位调整修改部门预算编制本单位预算草案。由于"二上"的时间已接近年底，各部门还应将"一上"之后追加的经费以及当年预算执行情况进行统计和分析，对于确需纳入部门预算的项目进行补充上报，将"二上"数据上报财政部门的同时将调整后的部门预算报送同级人民代表大会或其常务委员会的主管业务部门审核备案。

（4）"二下"：财政部门对各部门"二上"数据进行审核、汇总，报请同级政府主管领导审阅同意后，形成本级政府总预算草案，报同级人民政府；政府审批通过后，提交同级人民代表大会或其常委会审议，经人代会批准后，即成为具有法律效力的政府预算。在法定时限内，财政部门先将部门预算批复到主管部门，主管部门再向下属预算单位进行批复。

4.事业单位预算编制的具体步骤

事业单位预算编制的具体步骤如下：

（1）建立预算编审的组织。预算编审组织的组成是单位负责人和财务部门人员。预算编审组织的所有成员要划分好工作职责，落实责任，完成单位的预算工作。预算编审组织的任务是确定年度的总体目标。

（2）编制预算的基础工作。具体工作如下：

第一，对单位的各项资源状况即各项资源财产进行全面有效的检查并进行登记。

第二，对人员编制的情况要了解清楚，并对在编人员进行登记。这有

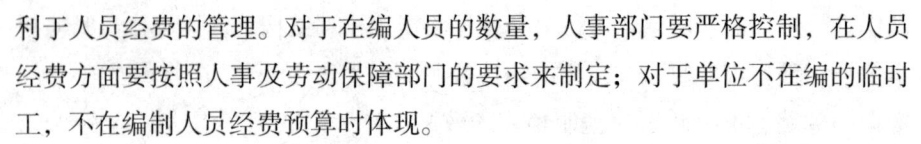

利于人员经费的管理。对于在编人员的数量，人事部门要严格控制，在人员经费方面要按照人事及劳动保障部门的要求来制定；对于单位不在编的临时工，不在编制人员经费预算时体现。

第三，对资产进行有效管理，在做资产清查时一旦发现资产涉及盘盈、盘亏、损失的情况一定要及时报告，并按照规定进行说明和账务处理。

第四，仔细总结上年度的收支情况，分析本年度在收入上的影响因素。

(3) 编制收入预算。具体工作如下：

第一，认真分析并确定本年度的征收项目，由哪个科室征收，具体的负责人，落实责任。

第二，具体科室的收入预算主要是在上年年度收入的基础上和本年经济发展上编制的。

第三，财务部门负责对部门编制的预算进行汇总审查，确保收入方面涵盖了单位的方方面面、没有遗漏，进而保证预算的准确性。

第四，在编制预算的过程中，注意往来款方面的损失和单位资产的占用，这也是单位是否能达到总体目标的重要因素。

(4) 编制支出预算。依照收支平衡、略有结余的思想来编制支出预算；编制支出预算时，充分考虑所有的可能性因素，实现资源的优化配置。事业单位在编制支出预算时主要涉及的是基本支出和项目支出。

第一，基本支出。人员经费和日常公用经费构成了事业单位的基本支出项。人员经费主要包括单位员工的工资、津贴补贴、社会保险费、住房公积金、住房补贴等。日常公用经费包括单位的商品服务支出，例如：电话费、办公费、委托业务费等。在编制基本支出预算时，人员经费严格按照人事部门的规定进行编制；在编制日常公用经费预算时，依据国家指定的标准定额编制。

第二，项目支出。项目支出预算包括专项任务经费和专项工程项目经费。专项任务经费，按照控制支出获得最高效率的计算方法得出；专项工程项目经费，这个项目由于金额较大要单独建立账户反映资金的支出情况，依据工程完成年度，将专项工程项目经费划分为本年度和跨年度，在编制预算时，列明总共需要的工程经费和工程完成的时间，在预算安排上，先安排基本支出和项目支出中的专项工作经费，最后安排专项工程项目经费的预算。

(5)本单位的预算。经过编审组织的审核汇总，形成本单位的预算控制数，并把预算控制数的形成过程整理成说明书上交到财政部门。各科室根据年度预算建议计划，完成预算信息数据的采集、编制、汇总和审核工作，在规定时间内提交财务处审核；支出预算根据本处室年度工作目标和重点，以及上年预算安排执行情况编制；综合预算和零基预算是年度支出的预算编制方法。支出预算要充分考虑年度内所有影响预算支出因素和项目，分轻重缓急，按资金性质安排科目、项目支出，各项支出要有可靠的资金来源，审核平衡年度预算并下达修正意见。

财务处收到各业务处室提交的项目立项申报后，初步进行筛选，剔除重复申报项目。财务处和预算编审委员会制作项目评分指标表，听取各项目主管部门对项目整体情况的介绍后结合上年度预算执行情况，现场对各项目进行量化评分。财务处根据分数高低情况，确定各部门预算申报项目的优先次序；结合预算年度财力状况，按照以收定支原则汇总，完成对各处室年度支出预算的审核平衡工作，形成年度支出预算修正意见。各处室对项目支出进行适当修正，报经主管局领导同意后，在规定时间内向局财务处提出，同时报送预算编制说明。符合单位重大项目金额标准的项目需根据预算金额大小按照职责权限进行审批。财务处负责汇总平衡各处室年度预算，形成本单位年度预算草案，财务处将年度预算草案提交局长办公会进行审议批准，然后报送同级财政部门批准。

二、事业单位预算业务内部控制基础

(一)事业单位预算业务内部控制的内涵

内部控制是指单位为实现控制目标，通过制定制度、实施措施和执行程序，对经济活动的风险进行防范和管控。事业单位业务层面的内部控制主要包括有预算业务控制、收支业务控制、政府采购业务控制、资产控制、建设项目控制和合同控制，这些业务构成了事业单位的主要经济活动内容。其中，预算业务控制是主线和核心。事业单位预算业务指的是预算管理的整个过程，可以根据业务流程分为五个环节：预算的编制、执行、调整、支出决算和绩效评价。

(二）事业单位预算业务内部控制的目标

事业单位的预算业务内部控制是指事业单位开展预算工作时，为了达到预算业务内部控制的目标，通过构造完善预算业务内部控制体系，找出预算业务过程中的关键风险点，对预算编制、执行、调整、决算、考核等环节的风险进行管控与防范，确保预算业务执行的控制与监督。预算业务内部控制是事业单位内部控制的主线，其目标如下：

（1）单位的预算编制应该方法科学、程序规范、项目细化、内容完整、编制及时、数据准确。预算编制过程中，财务部门和各业务部门要及时沟通协调，实现预算编制与具体业务工作——对应，根据业务工作的计划和需求来细化预算编制的工作，使预算工作更加精细化，可行性更高。

（2）严格管控预算调整程序，尽可能确保预算管理控制作用。

（3）确保预算的严格有效执行，确保预算能够严格按照批复的额度和用途来执行；建立预算执行反馈机制，提高预算执行的有效性。

（4）及时进行有效、真实、完整的决算分析工作，与预算要相互反映、相互促进；加强预算绩效的管理工作，建立全过程管理的预算绩效机制。

第二节 事业单位收入与支出核算

一、事业单位收入核算

事业单位收入是事业单位开展业务活动及其他活动依法取得的非偿还性资金，包括财政补助收入、上级补助收入、事业收入、经营收入、附属单位上缴收入和其他收入。

（一）财政补助收入

1. 财政补助收入的分类

财政补助收入是事业单位从同级财政部门取得的各类财政拨款。按照部门预算管理要求，财政补助收入分为基本支出补助和项目支出补助。基本支出补助是事业单位为了保障其正常运转、完成日常工作任务而从同级财政部门取得的补助款项,包括人员经费和日常公用经费。项目支出补助是事业单位为了完成特定工作任务和事业发展目标,在基本支出补助之外从同级财政部门取得的补助款项。事业单位从财政部门取得的项目支出补助必须专款专用、单独核算、专项结报。

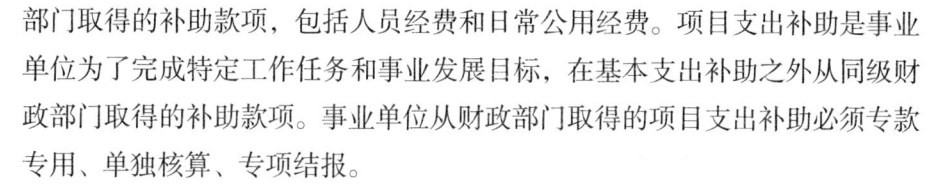

2.财政补助收入的获取方式

财政补助收入的获取方式是财政拨款的支付方式。按照国库集中支付制度的要求,实行国库支付的事业单位通过财政直接支付方式和财政授权支付方式获取财政补助收入;尚未实行国库集中支付的事业单位,通过财政实拨资金方式获取财政补助收入。

国库集中收付制度,也称国库单一账户制度,是对财政资金实行集中收缴和支付的制度,其核心是通过建立国库单一账户体系,将所有财政收入通过国库单一账户体系直接缴入国库或财政专户,将所有财政支出通过国库单一账户体系由国库支付给商品或劳务供应者或用款单位的财政资金管理制度。国库集中支付包括以下方式:

(1)财政直接支付方式。财政直接支付是由财政部门开具支付令,通过国库单一账户体系,直接将财政资金支付到收款人(即商品和劳务供应者)或用款单位账户的支付方式。在财政直接支付方式下,预算单位按批准的预算指标和用款计划向财政部门提出财政直接支付申请;财政部门在对预算单位提出的财政直接支付申请审核无误后,向代理银行签发财政直接支付指令,通过设在代理银行的财政部门零余额账户,将财政资金直接支付到最终收款人或用款单位账户;代理银行根据已办理支付的资金,在营业日终了前的规定时间内,向财政部门在人民银行的国库部门提出清算申请;人民银行国库部门审核无误后,将资金划往代理银行账户。

(2)财政授权支付方式。财政授权支付是指预算单位根据财政部门的授权,自行开具支付指令,通过国库单一账户体系将财政资金支付到最终收款人或用款单位的支付方式。在财政授权支付方式下,预算单位先按批准的预算指标和用款计划,向财政部门申请财政授权支付用款额度;财政部门批准后,按月将财政授权支付额度下达给人民银行和代理银行;预算单位收到代理银行转来的"财政授权支付额度到账通知书"后,在财政授权支付额度内自行开具支付指令,通过设在代理银行的预算单位零余额账户,将财政资金支付到最终收款人或用款单位；代理银行根据已办理支付的资金，在营业日终了前的规定时间内，向财政部门在人民银行的国库部门提出清算申请；人民银行国库部门审核无误后，将资金划往代理银行账户。

(3)财政实拨资金方式。财政实拨资金是指由财政部门将财政资金拨付到预算单位的基本存款账户，预算单位直接从银行存款基本户中使用财政资金的方式。这种支付方式适用于未实行国库集中支付的事业单位。

3.财政补助收入的确认和计量

财政补助收入的确认和计量与财政资金支付方式有关，一般采用收付实现制，年终结余事项采用权责发生制。

(1)在财政直接支付下，事业单位应在收到财政零余额账户代理银行转来的"财政直接支付入账通知书"时，根据通知书列明的财政资金制度金额，确认财政补助收入及其金额。

(2)在财政授权支付下，事业单位应在收到单位零余额账户代理银行转来的"财政授权支付额度到账通知书"时，根据通知书列明的额度确认财政补助收入及其金额。

(3)在财政实拨资金方式下，事业单位应在收到开户银行转来的收款通知书时，根据收款通知书列明的额度确认财政补助收入及其金额。

(4)对于年终结余形成的财政补助收入，事业单位应根据对账确认的本年度财政直接支付预算指标数与当年财政直接支付实际支出数的差额、本年度财政授权支付预算指标数与当年零余额账户用款额度下达数的差额予以确认。

4.财政补助收入的核算

为了核算从同级财政部门取得的各类财政拨款，事业单位应设置"财政补助收入"科目。本科目应当设置"基本支出"和"项目支出"两个明细科目；两个明细科目下按照《政府收支分类科目》中"支出功能分类"的相关科目进行明细核算，同时在"基本支出"明细科目下按照"人员经费"和"日常公用经费"进行明细核算，在"项目支出"明细科目下按照具体项目进行明细核算。本科目平时贷方余额，反映财政补助收入本期累计数。期末结账后，本科目无余额。

(1)财政直接支付方式下的财政补助收入。在财政直接支付方式下，事业单位根据财政国库支付执行机构委托代理银行转来的"财政直接支付入账通知书"及原始凭证，按照通知书中的直接支付入账金额，借记"事业支出""存货"等科目，贷记本科目；年度终了，根据本年度财政直接支付预算指标数与当年财政直接支付实际支出数的差额，借记"财政应返还额度—财政直接支付"科目，贷记本科目。购货退回等发生国库直接支付款项退回的，属于以前年度支付的款项，按照退回金额，借记"财政应返还额度"科目，贷记"财政补助结转""财政补助结余""存货"等有关科目；属于本年度支付的款项，按照退回金额，借记本科目，贷记"事业支出""存货"等有关科目。

（2）财政授权支付方式下的财政补助收入。在财政授权支付方式下，事业单位根据代理银行转来的"财政授权支付额度到账通知书"，按照通知书中的授权支付额度，借记"零余额账户用款额度"科目，贷记本科目。年度终了，事业单位本年度财政授权支付预算指标数大于零余额账户用款额度下达数的，根据未下达的用款额度，借记"财政应返还额度—财政授权支付"科目，贷记本科目。

（3）财政实拨资金方式下的财政补助收入。在财政实拨资金方式下，实际收到财政补助收入时，按照实际收到的金额，借记"银行存款"等科目，贷记本科目。

（4）期末结账。期末（月末和年末，下同），事业单位将本科目本期发生额转入财政补助结转时，借记本科目，贷记"财政补助结转"科目。

（二）上级补助收入

1. 上级补助收入的分类

上级补助收入是主管部门或上级单位用自身组织的收入或集中下级单位的收入拨给事业单位的资金，是上级单位用于调剂附属单位资金收支余缺的机动财力。

按照使用要求不同，上级补助收入分为专项资金收入和非专项资金收入。专项资金收入是事业单位为了完成特定工作任务而从主管部门和上级单位取得的非财政补助款项。专项资金收入必须专款专用、单独核算、专项结报。事业单位从主管部门和上级单位取得的专项资金收入，应当按照要求定期向主管部门和上级单位报送资金使用情况；项目完成后，应当报送资金支

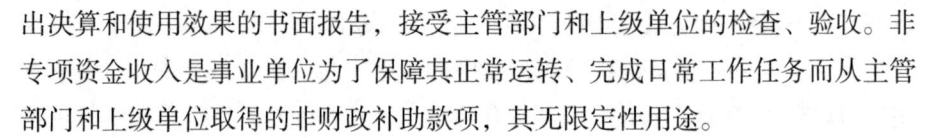

出决算和使用效果的书面报告，接受主管部门和上级单位的检查、验收。非专项资金收入是事业单位为了保障其正常运转、完成日常工作任务而从主管部门和上级单位取得的非财政补助款项，其无限定性用途。

2. 上级补助收入的确认和计量

上级补助收入的确认采用收付实现制，一般应当在收到款项时予以确认，并按照实际收到的金额计量。

3. 上级补助收入的核算

为了核算收到上级单位拨入的非财政补助收入，事业单位应设置"上级补助收入"科目。上级补助收入中如有专项资金收入，还应按具体项目进行明细核算。本科目平时贷方余额，反映上级补助收入本期累计数。期末结账后，本科目无余额。

（1）收到上级补助收入。事业单位收到上级补助收入时，按照实际收到金额，借记"银行存款"等科目，贷记本科目。

（2）期末结账。期末，将本科目本期发生额中的专项资金收入结转入非财政补助结转，借记本科目下各专项资金收入明细科目，贷记"非财政补助结转"科目；将本科目本期发生额中的非专项资金收入结转入事业结余，借记本科目下各非专项资金收入明细科目，贷记"事业结余"科目。

（三）事业收入

1. 事业收入的分类

事业收入是事业单位开展专业业务活动及辅助活动所取得的收入。所谓专业活动，是事业单位根据本单位专业特点所从事或开展的主要业务活动，如文化事业单位的演出活动、教育事业单位的教学活动、科学事业单位的科研活动等。辅助活动是与专业业务活动相关、直接为专业业务服务的单位行政管理活动、后勤服务活动以及其他有关活动。

按照管理方式分类，事业收入分为财政专户返还的事业收入和其他事业收入。财政专户返还的事业收入，是采用财政专户返还方式管理的事业收入。按照国家有关规定，事业单位按规定收取的教育收费作为其事业收入纳入财政专户管理。在这种管理方式下，事业单位收到教育收费时按照规定缴存财政专户；支出时由财政部门根据预算、教育收费上缴财政专户情况和用

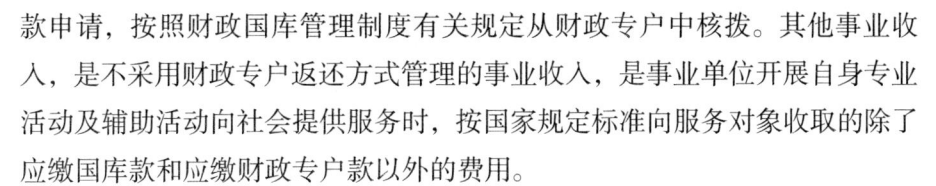

款申请，按照财政国库管理制度有关规定从财政专户中核拨。其他事业收入，是不采用财政专户返还方式管理的事业收入，是事业单位开展自身专业活动及辅助活动向社会提供服务时，按国家规定标准向服务对象收取的除了应缴国库款和应缴财政专户款以外的费用。

2. 事业收入的确认和计量

事业收入的确认采用收付实现制。其中，对于财政专户返还的事业收入，事业单位在收到从财政专户返还的款项时予以确认，并按照实际收到的金额计量。其他事业收入在收到款项时予以确认，并按照实际收到的金额计量。

3. 事业收入的核算

为了核算开展专业活动及辅助活动所取得的收入，事业单位应设置"事业收入"科目。本科目应当按照事业收入类别、项目、《政府收支分类科目》中的"支出功能分类"相关科目等进行明细核算。事业收入中如有专项资金收入，还应按具体项目进行明细核算。本科目平时贷方余额，反映事业收入本期累计数。期末结账后，本科目无余额。

（1）采用财政专户返还方式管理的事业收入。事业单位收到应上缴财政专户的事业收入时，按照收到的款项金额，借记"银行存款""库存现金"等科目，贷记"应缴财政专户款"科目；向财政专户上缴款项时，按照实际上缴的款项金额，借记"应缴财政专户款"科目，贷记"银行存款"等科目；收到从财政专户返还的事业收入时，按照实际收到的返还金额，借记"银行存款"等科目，贷记本科目。

（2）其他事业收入。事业单位收到事业收入时，按照收到的款项金额，借记"银行存款""库存现金"等科目，贷记本科目。涉及增值税业务的，相关账务处理参照"经营收入"科目。

（四）经营收入

1. 经营收入的特征

事业单位经营收入是事业单位在专业业务活动及辅助活动之外开展非独立核算经营活动取得的收入。事业单位的经营收入通常同时具备两个特征：①开展经营活动取得的收入；②从开展非独立核算的经营活动中取得的收入。事业单位的经营收入一般包括非独立核算部门因销售商品、向社会提供经营服务等取得的收入。经营收入属于事业单位的非财政非专项资金收入。

2. 经营收入的确认和计量

经营收入的确认采用权责发生制，事业单位应当在提供服务或者发出存货、同时收讫价款或者取得索取价款的凭据时予以确认，按照实际收到或应收到的金额计量。

3. 经营收入的核算

为了核算在专业业务活动及辅助活动之外开展非独立核算经营活动取得的收入，事业单位应设置"经营收入"科目。本科目应当按照经营活动类别、项目、《政府收支分类科目》中的"支出功能分类"相关科目等进行明细核算。本科目平时贷方余额，反映经营收入本期累计数。期末结账后，本科目无余额。

（1）经营收入的实现。事业单位实现经营收入时，按照确定的收入金额，借记"银行存款""应收账款""应收票据"等科目，贷记本科目。属于增值税小规模纳税人的事业单位实现经营收入，按实际出售价款，借记"银行存款""应收账款""应收票据"等科目，按出售价款扣除增值税额后的金额，贷记本科目，按应缴增值税金额，贷记"应缴税费—应缴增值税"科目；属于增值税一般纳税人的事业单位实现经营收入，按包含增值税的价款总额，借记"银行存款""应收账款""应收票据"等科目，按扣除增值税销项税额后的价款金额，贷记本科目，按增值税专用发票上注明的增值税金额，贷记"应缴税费—应缴增值税（销项税额）"科目。

（2）期末结账。期末，将本科目本期发生额转入经营结余，借记本科目，贷记"经营结余"科目。

从概念上看，事业收入和经营收入是可以区分的，区分的主要标准是看取得收入的业务活动性质。而实务中，绝大部分也是能够划分清楚的，但少数事业收入和经营收入的性质和内容相互交叉，难以准确划分清楚，此时由主管部门和财政部门根据实际情况予以认定。

（五）附属单位上缴收入

1. 附属单位上缴收入的分类

所谓附属单位，一般是指与该事业单位间除资金联系之外，还存在其他联系的具有独立法人资格的单位,包括事业单位和企业。按照《事业单位财务规则》的规定,非财政补助收入大于支出较多的事业单位,可以实行收入上缴办法;具体办法由财政部门会同有关主管部门制定。因此,对于上级单位而言,附属单位上缴的收入即为附属单位上缴收入,而对于附属单位而言即为上缴上级支出。但是,附属单位归还由事业单位垫付的费用,如水电费、房租等,不属于附属单位的缴款范围。

按照使用要求不同,附属单位上缴收入分为专项资金收入和非专项资金收入。专项资金收入是附属单位上缴的用于完成特定工作任务的款项。该部分款项的使用必须专款专用、单独核算、专项结报。非专项资金收入是附属单位上缴的用于保障其正常运转、完成日常工作任务的款项,其无限定性用途。

2. 附属单位上缴收入的确认和计量

附属单位上缴收入的确认采用收付实现制,一般应当在收到款项时予以确认,并按照实际收到的金额计量。

3. 附属单位上缴收入的核算

为核算收到附属单位按有关规定上缴的收入,事业单位应设置"附属单位上缴收入"科目。附属单位上缴收入中如有专项资金收入,还应按具体项目进行明细核算。本科目平时贷方余额,反映附属单位上缴收入本期累计数。期末结账后,本科目应无余额。

(1)收到附属单位上缴收入。事业单位收到附属单位缴来款项时,按照实际收到金额,借记"银行存款"等科目,贷记本科目。

(2)期末结账。期末,将本科目本期发生额中的专项资金收入结转入非财政补助结转,借记本科目下各专项资金收入明细科目,贷记"非财政补助结转"科目;将本科目本期发生额中的非专项资金收入结转入事业结余,借记本科目下各非专项资金收入明细科目,贷记"事业结余"科目。

(六)其他收入

1. 其他收入的分类

事业单位其他收入是事业单位除财政补助收入、上级补助收入、事业收入、经营收入、附属单位上缴收入以外的各项收入,包括投资收益、银行存款利息收入、租金收入、捐赠收入、现金盘盈收入、存货盘盈收入、收回已核销应收及预付款项、无法偿付的应付及预收款项等。

按照使用要求不同，其他收入分为专项资金收入和非专项资金收入。专项资金收入是事业单位用于完成特定工作任务的其他收入。该部分其他收入的使用必须专款专用、单独核算、专项结报。非专项资金收入是事业单位用于保障其正常运转、完成日常工作任务的其他收入，其无限定性用途。

2. 其他收入的确认和计量

其他收入的确认采用收付实现制，一般应当在收到款项时予以确认，并按照实际收到的金额计量。

3. 其他收入的核算

为了核算其他收入，事业单位应设置"其他收入"科目。本科目应当按照其他收入的类别、《政府收支分类科目》中的"支出功能分类"相关科目等进行明细核算。对于事业单位对外投资实现的投资净损益，应单设"投资收益"明细科目进行核算；其他收入中如有专项资金收入（如限定用途的捐赠收入），还应按具体项目进行明细核算。本科目平时贷方余额，反映其他收入本期累计数。期末结账后，本科目应无余额。

（1）投资收益。事业单位对外投资持有期间收到利息、利润等时，按实际收到的金额，借记"银行存款"等科目，贷记本科目（投资收益）；出售或到期收回国债投资本息，按照实际收到的金额，借记"银行存款"等科目，按照出售或收回国债投资的成本，贷记"短期投资""长期投资"科目，按其差额，贷记或借记本科目（投资收益）。

（2）银行存款利息、租金收入。事业单位收到银行存款利息、资产承租人支付的租金时，按照实际收到的金额，借记"银行存款"等科目，贷记本科目。

（3）捐赠收入。事业单位接受捐赠现金资产时，按照实际收到的金额，借记"银行存款"等科目，贷记本科目；接受捐赠的存货验收入库，按照确定的成本，借记"存货"科目，按照发生的相关税费、运输费等，贷记"银行存款"等科目，按照其差额，贷记本科目；接受捐赠固定资产、无形资产等非流动资产，不通过本科目核算。

（4）现金盘盈收入。事业单位每日现金账款核对中如发现现金溢余，属于无法查明原因的部分，借记"库存现金"科目，贷记本科目。

（5）存货盘盈收入。事业单位盘盈的存货，按照确定的入账价值，借记"存货"科目，贷记本科目。

（6）收回的已核销应收及预付款项。事业单位已核销应收账款、预付账款、其他应收款在以后期间收回的款项，按照实际收回的金额，借记"银行存款"等科目，贷记本科目。

（7）无法偿付的应付及预收款项。事业单位对于无法偿付或债权人豁免偿还的应付账款、预收账款、其他应付款及长期应付款，借记"应付账款""预收账款""其他应付款""长期应付款"等科目，贷记本科目。

二、事业单位支出核算

事业单位支出是事业单位为开展业务活动和其他活动所发生的各项资金耗费和损失，包括事业支出、经营支出、对附属单位补助支出、上缴上级支出和其他支出。"事业单位的支出管理，要根据经济实力统筹安排各项事业支出，以经济核算提高资金使用效益，科学界定事业支出范围，按照专款专用的要求加强专项资金支出管理。"[1]

（一）事业支出

事业支出是事业单位开展专业业务活动及其辅助活动发生的支出，是事业单位对包括财政补助收入、上级补助收入、事业收入、经营收入和其他收入等各种收入来源综合安排使用的结果，是事业单位支出的主要内容，也是考核事业单位预算执行的重要依据。

1.事业支出的分类

按部门预算管理要求，事业支出可分为基本支出和项目支出。

（1）基本支出。基本支出是指事业单位为了保障其正常运转、完成日常工作任务而发生的人员支出和公用支出。人员支出是指为了满足专业活动的需要用于个人方面的开支，如基本工资、津贴补贴及奖金、社会保障缴费、离休费、退休费、助学金、医疗费、住房补贴等。人员支出在支出经济分类科目中体现为"工资福利支出"与"对个人和家庭的补助"两个部分。

---
[1] 杨金凤.事业单位支出管理探讨[J].中国市场，2010(52)：107.

公用支出是指为了完成事业活动，用于公共服务方面的开支，包括办公费、印刷费、咨询费、水电费、邮电费、取暖费、物业管理费、差旅费、维修(护)费、租赁费等。公用支出在支出经济分类科目中体现为"商品和服务支出""其他资本性支出"等科目中属于基本支出的内容。

(2)项目支出。项目支出是指事业单位为了完成特定工作任务和事业发展目标，在基本支出之外所发生的支出，包括基本建设、有关事业发展专项计划、专项业务、大型修缮、大型购置、大型会议等项目支出。项目支出在支出经济分类科目中体现为"基本建设支出""商品和服务支出"和"其他资本性支出"等科目中属于项目支出的内容。项目支出具有专项性、独立性和完整性的特点。其中，专项性是指项目支出具有特定目标，为了完成特定工作任务，目标不同项目不同；独立性是指每个项目支出都有其支出的明确范围，各项目之间的支出不能交叉，项目支出与基本支出之间也不能交叉；完整性是指项目支出完整体现为完成特定目标或任务所开支的全部支出内容。

2. 事业支出的确认和计量

事业支出的确认采用收付实现制，一般应当在实际支付时予以确认，并按照实际支付金额进行计量。

3. 事业支出的核算

为了核算开展专业业务活动及其辅助活动发生的基本支出和项目支出，事业单位应设置"事业支出"科目。本科目应当按照"基本支出"和"项目支出""财政补助支出""非财政专项资金支出"和"其他资金支出"等层级进行明细核算，并按照《政府收支分类科目》中的"支出功能分类"相关科目进行明细核算；"基本支出"和"项目支出"明细科目下应当按照《政府收支分类科目》中"支出经济分类"的款级科目进行明细核算；同时在"项目支出"明细科目下按照具体项目进行明细核算。本科目平时借方余额，反映事业支出本期累计数。期末结账后，本科目应无余额。

(1)日常事业支出业务。事业单位日常支出业务主要包括计提职工薪酬、开展专业业务活动及其辅助活动领用存货以及发生的其他各项支出。

第一，为从事专业业务活动及其辅助活动人员计提的薪酬等，借记本科目，贷记"应付职工薪酬"等科目。

第二，开展专业业务活动及其辅助活动领用的存货，按领用存货的实际成本，借记本科目，贷记"存货"科目。

第三，开展专业业务活动及其辅助活动中发生的其他各项支出，借记本科目，贷记"库存现金""银行存款""零余额账户用款额度""财政补助收入"等科目。

（2）期末结账。期末，应将本科目（财政补助支出）本期发生额结转入"财政补助结转"科目，借记"财政补助结转—基本支出结转、项目支出结转"科目，贷记本科目（财政补助支出—基本支出、项目支出）或本科目（基本支出—财政补助支出、项目支出—财政补助支出）；将本科目（非财政专项资金支出）本期发生额结转入"非财政补助结转"科目，借记"非财政补助结转"科目，贷记本科目（非财政专项资金支出）或本科目（项目支出—非财政专项资金支出）；将本科目（其他资金支出）本期发生额结转入"事业结余"科目，借记"事业结余"科目，贷记本科目（其他资金支出）或本科目（基本支出—其他资金支出、项目支出—其他资金支出）。

（二）经营支出

1. 经营支出的分类

事业单位开展非独立核算经营活动的，应当正确归集开展经营活动发生的各项费用数；无法直接归集的，应当按照规定的标准或比例合理分摊。事业单位的经营支出与经营收入应当配比。经营支出属于事业单位的非财政非专项资金支出。经营支出包括基本工资、补助工资、其他工资、职工福利费、社会保障费、公务费、业务费、设备购置费、修缮费和其他费用等。

2. 经营支出的确认和计量

经营支出的确认采用权责发生制，应当在其发生时予以确认，并按照实际发生额进行计量。

3. 经营支出的核算

为了核算在专业业务活动及辅助活动之外开展非独立核算经营活动发生的支出，事业单位应设置"经营支出"科目。本科目平时借方余额，反映经营支出本期累计数。期末结账后，本科目应无余额。

（1）日常经营支出业务。事业单位为在专业业务活动及其辅助活动之外开展非独立核算经营活动人员计提的薪酬等，借记本科目，贷记"应付职工薪酬"等科目；在专业业务活动及其辅助活动之外开展非独立核算经营活动领用、发出的存货，按领用、发出存货的实际成本，借记本科目，贷记"存货"科目；在专业业务活动及其辅助活动之外开展非独立核算经营活动中发生的其他各项支出，借记本科目，贷记"库存现金""银行存款""应缴税费"等科目。

（2）期末结账。期末，将本科目本期发生额转入经营结余，借记"经营结余"科目，贷记本科目。

（三）上缴上级支出

单位的上缴上级支出和上级单位的附属单位上缴收入相对应。上缴上级支出属于事业单位的非财政非专项资金支出。

1. 上缴上级支出的确认和计量

上缴上级支出的确认采用收付实现制，一般应当在实际支付时予以确认，并按照实际支付金额进行计量。

2. 上缴上级支出的核算

为了核算按照财政部门和主管部门的规定上缴上级单位的支出，事业单位应设置"上缴上级支出"科目。本科目应当按照收缴款项单位、缴款项目、《政府收支分类科目》中的"支出功能分类"相关科目等进行明细核算。本科目平时借方余额，反映上缴上级支出本期累计数。期末结账后，本科目应无余额。

事业单位按规定将款项上缴上级单位的，按照实际上缴的金额，借记本科目，贷记"银行存款"等科目。期末，将本科目本期发生额转入事业结余，借记"事业结余"科目，贷记本科目。

（四）对附属单位补助支出

1. 对附属单位补助支出的确认和计量

对附属单位补助支出的确认采用收付实现制，一般应当在实际支付时予以确认，并按照实际支付金额进行计量。

2. 对附属单位补助支出的核算

为了核算用财政补助收入之外的收入对附属单位补助发生的支出，事业单位应设置"对附属单位补助支出"科目。本科目应当按照接受补助单位、补助项目、《政府收支分类科目》中的"支出功能分类"相关科目等进行明细核算。本科目平时借方余额，反映对附属单位补助支出的本期累计数。期末结账后，本科目应无余额。

事业单位发生对附属单位补助支出的，按照实际支出的金额，借记本科目，贷记"银行存款"等科目。期末，将本科目本期发生额转入事业结余，借记"事业结余"科目，贷记本科目。

(五) 其他支出

1. 其他支出的分类

事业单位其他支出是指事业支出、经营支出、上缴上级支出和对附属单位补助支出以外的各项支出，包括利息支出、捐赠支出、现金盘亏损失、资产处置损失、接受捐赠（调入）非流动资产发生的税费支出等。

按照支出的使用要求，其他支出分为专项资金支出和非专项资金支出。专项资金支出是用其他收入中的专项资金收入安排的支出；非专项资金支出是用其他收入中的非专项资金收入安排的支出。

2. 其他支出的确认和计量

事业单位其他支出的确认采用收付实现制，一般应当在实际支付时予以确认，并按照实际支付金额进行计量。

3. 其他支出的核算

为了核算其他支出，事业单位应设置"其他支出"科目。本科目应当按照其他支出的类别、《政府收支分类科目》中的"支出功能分类"相关科目等进行明细核算；其他支出中如有专项资金支出，还应按具体项目进行明细核算。本科目平时借方余额，反映对附属单位补助支出本期累计数。期末结账后，本科目应无余额。

（1）利息支出。事业单位支付银行借款利息时，借记本科目，贷记"银行存款"科目。

（2）捐赠支出。事业单位对外捐赠现金资产时，借记本科目，贷记"银行存款"等科目；对外捐出存货时，借记本科目，贷记"待处置资产损益"科目；对外捐赠固定资产、无形资产等非流动资产，不通过本科目核算。

(3) 现金盘亏损失。事业单位每日现金账款核对中如发现现金短缺，属于无法查明原因的部分，报经批准后，借记本科目，贷记"库存现金"科目。

(4) 资产处置损失。事业单位报经批准核销应收及预付款项、处置存货时，借记本科目，"待处置资产损益"科目。

(5) 接受捐赠（调入）非流动资产发生的税费支出。事业单位接受捐赠、无偿调入非流动资产发生的相关税费、运输费等，借记本科目，贷记"银行存款"等科目。以固定资产、无形资产取得长期股权投资，所发生的相关税费计入本科目，具体账务处理参见"长期投资"科目。

第三节 事业单位资产与负债核算

一、事业单位资产核算

（一）事业单位流动资产的核算

流动资产是指预计在一年内（含一年）变现或者耗用的资产。

1. 货币资金的核算

货币资金包括库存现金、银行存款、零余额账户用款额度等。

（1）库存现金的核算。库存现金是事业单位存放在其财务部门的可随时用于支用的现金。现金是流动性最强的资产。事业单位应当严格按照国家有关现金管理的规定收支现金，严密现金的收支手续，如实反映现金的收支和结存情况，保证现金的安全。为了核算库存现金，事业单位应设置"库存现金"科目。事业单位有外币现金的，应当分别按照人民币、各种外币设置"现金日记账"进行明细核算。本科目期末借方余额反映事业单位实际持有的库存现金。

（2）银行存款的核算。事业单位应当严格按照国家有关支付结算办法的规定办理银行存款收支业务，并按照本制度规定核算银行存款的各项收支业务。为了核算事业单位存入银行或其他金融机构的各种存款，需要设置"银行存款"科目。本科目期末借方余额反映事业单位实际存放在银行或其他金融机构的款项。

事业单位应当按开户银行或其他金融机构、存款种类及币种等，分别设置"银行存款日记账"，由出纳人员根据收付款凭证，按照业务的发生顺序逐笔登记，每日终了应结出余额。"银行存款日记账"应定期与"银行对账单"核对，至少每月核对一次。月度终了，事业单位银行存款账面余额与银行对账单余额之间如有差额，必须逐笔查明原因并进行处理，按月编制"银行存款余额调节表"，调节相符。

（3）零余额账户用款额度的核算。为了核算实行国库集中支付的事业单位根据财政部门批复的用款计划收到和支用零余额用款额度，设置"零余额账户用款额度"科目。本科目期末借方余额反映事业单位尚未支用的零余额账户用款额度。本科目年末应无余额。

2. 短期投资的核算

短期投资是指事业单位依法取得的，持有时间不超过一年（含一年）的投资，主要是国债投资。事业单位应当严格遵守国家法律、行政法规以及财政部门、主管部门关于对外投资的有关规定。为了核算依法取得的、持有时间不超过一年（含一年）的投资，事业单位应设置"短期投资"科目。本科目应当按照国债投资的种类等进行明细核算。本科目期末借方余额反映事业单位持有的短期投资成本。

（1）短期投资取得时的核算。短期投资在取得时，应当按照其实际成本（包括购买价款以及税金、手续费等相关税费）作为投资成本，借记本科目，贷记"银行存款"等科目。

（2）短期投资持有期间的核算。短期投资持有期间收到利息时，按照实际收到的金额，借记"银行存款"科目，贷记"其他收入——投资收益"科目。

（3）短期投资出售时的核算。出售短期投资或到期收回短期国债本息，按照实际收到的金额，借记"银行存款"科目，按照出售或收回短期国债的成本，贷记本科目，按其差额，贷记或借记"其他收入——投资收益"科目。

3. 应收及预付款项的核算

应收及预付款项是指事业单位在开展业务活动中形成的各项债权，包括财政应返还额度、应收票据、应收账款、其他应收款等应收款项和预付账款。

（1）财政应返还额度。为了核算实行国库集中支付的事业单位应收财政返还的资金额度，应该设置"财政应返还额度"科目。本科目应当设置"财政直接支付""财政授权支付"两个明细科目进行明细核算。本科目期末借方余额反映事业单位应收财政返还的资金额度。

第一，财政直接支付。年度终了，事业单位根据本年度财政直接支付预算指标数与当年财政直接支付实际支出数的差额，借记本科目（财政直接支付），贷记"财政补助收入"科目。下年度恢复财政直接支付额度后，事业单位以财政直接支付方式发生实际支出时，借记有关科目，贷记本科目（财政直接支付）。

第二，财政授权支付。年度终了，事业单位依据代理银行提供的对账单做注销额度的相关账务处理，借记本科目（财政授权支付），贷记"零余额账户用款额度"科目。事业单位本年度财政授权支付预算指标数大于零余额账户用款额度下达数的，根据未下达的用款额度，借记本科目（财政授权支付），贷记"财政补助收入"科目。下年初，事业单位依据代理银行提供的额度恢复到账通知书做恢复额度的相关账务处理，借记"零余额账户用款额度"科目，贷记本科目（财政授权支付）。事业单位收到财政部门批复的上年末未下达零余额账户用款额度时，借记"零余额账户用款额度"科目，贷记本科目（财政授权支付）。

（2）应收票据。应收票据是指事业单位因开展经营活动销售产品、提供有偿服务等而收到的商业汇票，包括银行承兑汇票和商业承兑汇票。事业单位应设置"应收票据"科目来核算因开展经营活动销售产品、提供有偿服务等收到的商业汇票，并应按开出、承兑商业汇票的单位等进行明细核算。该科目应当按照开出、承兑商业汇票的单位等进行明细核算。该科目期末借方余额反映事业单位持有的商业汇票票面金额。

（3）应收账款。应收账款是指事业单位因开展经营活动销售产品、提供有偿服务等而应收取的款项。本科目应当按照购货、接受劳务单位（或个人）进行明细核算。本科目期末借方余额反映事业单位尚未收回的应收账款。

发生应收账款时，按照应收未收金额，借记本科目，按照确认的收入金额，贷记"经营收入"等科目，按照应缴增值税金额，贷记"应缴税费——应缴增值税"科目。

收回应收账款时，按照实际收到的金额，借记"银行存款"等科目，贷记本科目。

（4）预付账款。为了核算事业单位按照购货、劳务合同规定预付给供应单位的款项，事业单位应设置"预付账款"的科目。本科目应当按照供应单位（或个人）进行明细核算。本科目期末借方余额反映事业单位实际预付但尚未结算的款项。事业单位应当通过明细核算或辅助登记的方式，登记预付账款的资金性质（区分财政补助资金、非财政专项资金和其他资金）。

（5）其他应收款。为了核算事业单位除财政应返还额度、应收票据、应收账款、预付账款以外的其他各项应收及暂付款项，如职工预借的差旅费、拨付给内部有关部门的备用金、应向职工收取的各种垫付款项等，事业单位应设置"其他应收款"科目。本科目期末借方余额反映事业单位尚未收回的其他应收款。本科目应当按照其他应收款的类别以及债务单位（或个人）进行明细核算。

4. 存货的核算

存货是指事业单位在开展业务活动及其他活动中为耗用而储存的资产，包括材料、燃料、包装物和低值易耗品等。为了核算事业单位在开展业务活动及其他活动中为耗用而储存的各种材料、燃料、包装物、低值易耗品及达不到固定资产标准的用具、装具、动植物等内容，事业单位应设置"存货"科目。事业单位随买随用的零星办公用品，可以在购进时直接列作支出，不通过本科目核算。本科目期末借方余额反映事业单位存货的实际成本。本科目应当按照存货的种类、规格、保管地点等进行明细核算。

事业单位应当通过明细核算或辅助登记的方式，登记取得存货成本的资金来源（区分财政补助资金、非财政专项资金和其他资金）。发生自行加工存货业务的事业单位，应当在本科目下设置"生产成本"明细科目，归集核算自行加工存货所发生的实际成本（包括耗用的直接材料费用、发生的直接人工费用和分配的间接费用）。

（二）事业单位非流动资产的核算

非流动资产是指流动资产以外的资产。事业单位的非流动资产包括长期投资、在建工程、固定资产、无形资产等。

1. 长期投资的核算

长期投资是指事业单位依法取得的，持有时间超过一年（不含一年）的各种股权和债权性质的投资。

为了核算事业单位依法取得的，持有时间超过一年（不含一年）的股权和债权性质的投资，事业单位应当设置"长期投资"科目。本科目应当按照长期投资的种类和被投资单位等进行明细核算，如设置长期股权投资和长期债权投资两个明细科目。本科目期末借方余额反映事业单位持有的长期投资成本。

（1）长期股权投资。

第一，长期股权投资取得时的核算。长期股权投资在取得时，应当按照其实际成本作为投资成本。

以货币资金取得的长期股权投资，按照实际支付的全部价款（包括购买价款以及税金、手续费等相关税费）作为投资成本，借记本科目，贷记"银行存款"等科目；同时，按照投资成本金额，借记"事业基金"科目，贷记"非流动资产基金——长期投资"科目。

以固定资产取得的长期股权投资，按照评估价值加上相关税费作为投资成本，借记本科目，贷记"非流动资产基金——长期投资"科目，按发生的相关税费，借记"其他支出"科目，贷记"银行存款""应缴税费"等科目；同时，按照投出固定资产对应的非流动资产基金，借记"非流动资产基金——固定资产"科目，按照投出固定资产已计提折旧，借记"累计折旧"科目，按投出固定资产的账面余额，贷记"固定资产"科目。

以已入账无形资产取得的长期股权投资，按照评估价值加上相关税费作为投资成本，借记本科目，贷记"非流动资产基金——长期投资"科目，按发生的相关税费，借记"其他支出"科目，贷记"银行存款""应缴税费"等科目；同时，按照投出无形资产对应的非流动资产基金，借记"非流动资产基金——无形资产"科目，按照投出无形资产已计提摊销，借记"累计摊销"科目，按照投出无形资产的账面余额，贷记"无形资产"科目。

以未入账无形资产取得的长期股权投资，按照评估价值加上相关税费作为投资成本，借记本科目，贷记"非流动资产基金——长期投资"科目，按发生的相关税费，借记"其他支出"科目，贷记"银行存款""应缴税费"等科目。

第二，长期股权投资持有期间的核算。长期股权投资持有期间收到利润等投资收益时，按照实际收到的金额，借记"银行存款"等科目，贷记"其他收入—投资收益"科目。

第三，转让长期股权投资的核算。转让长期股权投资，转入待处置资产时，按照待转让长期股权投资的账面余额，借记"待处置资产损益—处置资产价值"科目，贷记本科目。实际转让时，按照所转让长期股权投资对应的非流动资产基金，借记"非流动资产基金—长期投资"科目，贷记"待处置资产损益—处置资产价值"科目。转让长期股权投资过程中取得价款、发生相关税费，以及转让价款扣除相关税费后的净收入的账务处理，参见"待处置资产损益"科目。

第四，因被投资单位破产清算长期股权投资的核算。因被投资单位破产清算等原因，有确凿证据表明长期股权投资发生损失，按规定报经批准后予以核销。将待核销长期股权投资转入待处置资产时，按照待核销的长期股权投资账面余额，借记"待处置资产损益"科目，贷记本科目。报经批准予以核销时，借记"非流动资产基金—长期投资"科目，贷记"待处置资产损益"科目。

(2) 长期债券投资。

第一，长期债券投资取得时的核算。长期债券投资在取得时，应当按照其实际成本作为投资成本。以货币资金购入的长期债券投资，按照实际支付的全部价款(包括购买价款以及税金、手续费等相关税费)作为投资成本，借记本科目，贷记"银行存款"等科目；同时，按照投资成本金额，借记"事业基金"科目，贷记"非流动资产基金—长期投资"科目。

第二，长期债券投资持有期间的核算。长期债券投资持有期间收到利息时，按照实际收到的金额，借记"银行存款"等科目，贷记"其他收入—投资收益"科目。

第三，转让或者到期收回长期债券投资的核算。对外转让或到期收回长期债券投资本息，按照实际收到的金额，借记"银行存款"等科目，按照收回长期投资的成本，贷记本科目，按照其差额，贷记或借记"其他收入—投资收益"科目；同时，按照收回长期投资对应的非流动资产基金，借记

"非流动资产基金—长期投资"科目，贷记"事业基金"科目。

2.在建工程的核算

在建工程是指事业单位已经发生必要支出，但尚未完工交付使用的各种建筑（包括新建、改建、扩建、修缮等）和设备安装工程。事业单位为了核算已经发生过必要支出，但尚未完工交付使用的各种建筑和设备安装工程，应设置"在建工程"科目。本科目核算事业单位已经发生必要支出，但尚未完工交付使用的各种建筑（包括新建、改建、扩建、修缮等）和设备安装工程的实际成本。本科目应当按照工程性质和具体工程项目等进行明细核算。本科目期末借方余额反映事业单位尚未完工的在建工程发生的实际成本。

事业单位的基本建设投资应当按照国家有关规定单独建账、单独核算，同时按照本制度的规定至少按月并入本科目及其他相关科目反映。

事业单位应当在本科目下设置"基建工程"明细科目，核算由基建账套并入的在建工程成本。

（1）建筑工程的核算。

第一，将固定资产转入改建、扩建或修缮等时，按照固定资产的账面价值，借记本科目，贷记"非流动资产基金—在建工程"科目；同时，按照固定资产对应的非流动资产基金，借记"非流动资产基金—固定资产"科目，按照已计提折旧，借记"累计折旧"科目，按照固定资产的账面余额，贷记"固定资产"科目。

第二，根据工程价款结算账单与施工企业结算工程价款时，按照实际支付的工程价款，借记本科目，贷记"非流动资产基金—在建工程"科目；同时，借记"事业支出"等科目，贷记"财政补助收入""零余额账户用款额度""银行存款"等科目。

第三，事业单位为建筑工程借入的专门借款的利息，属于建设期间发生的，计入在建工程成本，借记本科目，贷记"非流动资产基金—在建工程"科目；同时，借记"其他支出"科目，贷记"银行存款"科目。

第四，工程完工交付使用时，按照建筑工程所发生的实际成本，借记"固定资产"科目，贷记"非流动资产基金—固定资产"科目；同时，借记"非流动资产基金—在建工程"科目，贷记本科目。

（2）设备安装的核算。

第一，购入需要安装的设备，按照确定的成本，借记本科目，贷记"非流动资产基金—在建工程"科目；同时，按照实际支付金额，借记"事业支出""经营支出"等科目，贷记"财政补助收入""零余额账户用款额度""银行存款"等科目。

融资租入需要安装的设备，按照确定的成本，借记本科目，按照租赁协议或者合同确定的租赁价款，贷记"长期应付款"科目，按照其差额，贷记"非流动资产基金—在建工程"科目。同时，按照实际支付的相关税费、运输费、途中保险费等，借记"事业支出""经营支出"等科目，贷记"财政补助收入""零余额账户用款额度""银行存款"等科目。

第二，发生安装费用，借记本科目，贷记"非流动资产基金—在建工程"科目；同时，借记"事业支出""经营支出"等科目，贷记"财政补助收入""零余额账户用款额度""银行存款"等科目。

第三，设备安装完工交付使用时，借记"固定资产"科目，贷记"非流动资产基金—固定资产"科目；同时，借记"非流动资产基金—在建工程"科目，贷记本科目。

3. 固定资产的核算

固定资产是指事业单位持有的使用期限超过一年（不含一年），单位价值在规定标准以上，并在使用过程中基本保持原有物质形态的资产，包括房屋及构筑物、专用设备、通用设备等。单位价值虽未达到规定标准，但是耐用时间超过一年（不含一年）的大批同类物资，应当作为固定资产核算和管理。为了核算事业单位持有的使用期限超过一年（不含一年），单位价值在规定标准以上，并在使用过程中基本保持原有物质形态的资产，应设置"固定资产"科目。本科目核算事业单位固定资产的原价。

事业单位应当根据固定资产的定义，并结合本单位的具体情况，制定适合于本单位的固定资产目录、具体分类方法，作为进行固定资产核算的依据。事业单位应当设置"固定资产登记簿"和"固定资产卡片"，按照固定资产类别、项目和使用部门等进行明细核算。出租、出借的固定资产，应当设置备查簿进行登记。

（1）固定资产取得时的核算。事业单位在固定资产取得时，应当按照其实际成本入账。

第一，购入的固定资产，其成本包括购买价款、相关税费以及固定资产交付使用前所发生的可归属于该项资产的运输费、装卸费、安装调试费和专业人员服务费等。以一笔款项购入多项没有单独标价的固定资产，按照各项固定资产同类或类似资产市场价格的比例对总成本进行分配，分别确定各项固定资产的入账成本。

购入不需要安装的固定资产，按照确定的固定资产成本，借记本科目，贷记"非流动资产基金——固定资产"科目；同时，按照实际支付金额，借记"事业支出""经营支出""专用基金——修购基金"等科目，贷记"财政补助收入""零余额账户用款额度""银行存款"等科目。

购入需要安装的固定资产，先通过"在建工程"科目核算。安装完工交付使用时，借记本科目，贷记"非流动资产基金——固定资产"科目；同时，借记"非流动资产基金——在建工程"科目，贷记"在建工程"科目。

(2) 自行建造固定资产的核算。自行建造的固定资产，其成本包括建造该项资产至交付使用前所发生的全部必要支出。工程完工交付使用时，按自行建造过程中发生的实际支出，借记本科目，贷记"非流动资产基金——固定资产"科目；同时，借记"非流动资产基金——在建工程"科目，贷记"在建工程"科目。已交付使用但尚未办理竣工决算手续的固定资产，按照估计价值入账，待确定实际成本后再进行调整。

(3) 改扩建等固定资产的核算。在原有固定资产的基础上进行改建、扩建、修缮后的固定资产，其成本按照原固定资产账面价值(根据事业单位会计制度的规定，账面价值是指某会计科目的账面余额减去相关备抵科目，如"累计折旧""累计摊销"。因而此处的固定资产的账面价值为"固定资产"科目账面余额减去"累计折旧"科目账面余额后的净值)加上改建、扩建、修缮发生的支出，再扣除固定资产拆除部分的账面价值后的金额确定。

将固定资产转入改建、扩建、修缮时，按照固定资产的账面价值，借记"在建工程"科目，贷记"非流动资产基金——在建工程"科目；同时，按照固定资产对应的非流动资产基金，借记"非流动资产基金——固定资产"科目，按照固定资产已计提折旧，借记"累计折旧"科目，按照固定资产的账面余额，贷记本科目。

工程完工交付使用时，借记本科目，贷记"非流动资产基金—固定资产"科目；同时，借记"非流动资产基金—在建工程"科目，贷记"在建工程"科目。

（4）融资租入固定资产的核算。以融资租赁租入的固定资产，其成本按照租赁协议或者合同确定的租赁价款、相关税费以及固定资产交付使用前所发生的可归属于该项资产的运输费、途中保险费、安装调试费等确定。

融资租入的固定资产，按照确定的成本，借记本科目(不需安装)或"在建工程"科目(需安装)，按照租赁协议或者合同确定的租赁价款，贷记"长期应付款"科目，按照其差额，贷记"非流动资产基金—固定资产、在建工程"科目；同时，按照实际支付的相关税费、运输费、途中保险费、安装调试费等，借记"事业支出""经营支出"等科目，贷记"财政补助收入""零余额账户用款额度""银行存款"等科目。

定期支付租金时，按照支付的租金金额，借记"事业支出""经营支出"等科目，贷记"财政补助收入""零余额账户用款额度""银行存款"等科目；同时，借记"长期应付款"科目，贷记"非流动资产基金—固定资产"科目。跨年度分期付款购入固定资产的账务处理，参照融资租入固定资产。

（5）接受捐赠和无偿调入固定资产的核算。接受捐赠、无偿调入的固定资产，其成本按照有关凭据注明的金额加上相关税费、运输费等确定；没有相关凭据的，其成本比照同类或类似固定资产的市场价格加上相关税费、运输费等确定；没有相关凭据、同类或类似固定资产的市场价格也无法可靠取得的，该固定资产按照名义金额入账。

接受捐赠、无偿调入的固定资产，按照确定的固定资产成本，借记本科目(不需安装)或"在建工程"科目(需安装)，贷记"非流动资产基金—固定资产、在建工程"科目；同时，按照发生的相关税费、运输费等，借记"其他支出"科目，贷记"银行存款"等科目。

4.无形资产的核算

无形资产是指事业单位持有的没有实物形态的可辨认的非货币性资产，包括专利权、商标权、著作权、土地使用权、非专利技术等。为了核算事业单位持有的没有实物形态的可辨认非货币性资产，事业单位应设置"无形资产"科目。本科目核算事业单位无形资产的原价。本科目应当按照无形资产的类别、项目等进行明细核算。本科目期末借方余额反映事业单位无形资产的原价。事业单位购入的不构成相关硬件不可缺少组成部分的应用软件，应当作为无形资产进行核算。

（1）无形资产取得时的核算。无形资产在取得时，应当按照其实际成本入账。

第一，外购无形资产的核算。外购的无形资产，其成本包括购买价款、相关税费以及可归属于该项资产达到预定用途所发生的其他支出。购入的无形资产，按照确定的无形资产成本，借记本科目，贷记"非流动资产基金——无形资产"科目；同时，按照实际支付金额，借记"事业支出"等科目，贷记"财政补助收入""零余额账户用款额度""银行存款"等科目。

第二，委托开发无形资产的核算。委托软件公司开发软件视同外购无形资产进行处理。支付软件开发费时，按照实际支付的金额，借记"事业支出"等科目，贷记"财政补助收入""零余额账户用款额度""银行存款"等科目。软件开发完成交付使用时，按照软件开发费总额，借记本科目，贷记"非流动资产基金——无形资产"科目。

第三，自行开发无形资产的核算。自行开发并按法律程序申请取得的无形资产，按照依法取得时发生的注册费、聘请律师费等费用，借记本科目，贷记"非流动资产基金——无形资产"科目；同时，借记"事业支出"等科目，贷记"财政补助收入""零余额账户用款额度""银行存款"等科目。依法取得前所发生的研究开发支出，应于发生时直接计入当期支出，借记"事业支出"等科目，贷记"银行存款"等科目。

第四，接受捐赠、无偿调入无形资产的核算。接受捐赠、无偿调入的无形资产，其成本按照有关凭据注明的金额加上相关税费等确定；没有相关凭据的，其成本比照同类或类似无形资产的市场价格加上相关税费等确定；没有相关凭据、同类或类似无形资产的市场价格也无法可靠取得的，该资产按照名义金额入账。接受捐赠、无偿调入的无形资产，按照确定的无形资产成本，借记本科目，贷记"非流动资产基金——无形资产"科目；按照发生的相关税费等，借记"其他支出"科目，贷记"银行存款"等科目。

（2）无形资产摊销的核算。

摊销是指在无形资产使用寿命内，按照确定的方法对应摊销金额进行系统分摊。事业单位应当对无形资产进行摊销，以名义金额计量的无形资产除外。事业单位无形资产的应摊销金额为其成本。

第一，摊销科目的设置。为了核算事业单位无形资产计提的累计摊销，故应设置"累计摊销"科目。本科目应当按照对应无形资产的类别、项目等进行明细核算。本科目期末贷方余额反映事业单位计提无形资产摊销的累计数。

第二，摊销的时间。事业单位应当自无形资产取得当月起，按月计提无形资产摊销。事业单位应当按照如下原则确定无形资产的摊销年限：法律规定了有效年限的，按照法律规定的有效年限作为摊销年限；法律没有规定有效年限的，按照相关合同或单位申请书中的受益年限作为摊销年限；法律没有规定有效年限、相关合同或单位申请书中也没有规定受益年限的，按照不少于10年的期限摊销。

第三，摊销的方法。事业单位应当采用年限平均法对无形资产进行摊销。因发生后续支出而增加无形资产成本的，应当按照重新确定的无形资产成本重新计算摊销额。

第四，摊销的核算。按月计提无形资产摊销时，按照应计提摊销金额，借记"非流动资产基金—无形资产"科目，贷记本科目。

(3) 与无形资产有关的后续支出的核算。

第一，为增加无形资产的使用效能而发生的后续支出，如对软件进行升级改造或扩展其功能等所发生的支出，应当计入无形资产的成本，借记本科目，贷记"非流动资产基金—无形资产"科目；同时，借记"事业支出"等科目，贷记"财政补助收入""零余额账户用款额度""银行存款"等科目。

第二，为维护无形资产的正常使用而发生的后续支出，如对软件进行漏洞修补、技术维护等所发生的支出，应当计入当期支出但不计入无形资产成本，借记"事业支出"等科目，贷记"财政补助收入""零余额账户用款额度""银行存款"等科目。

(4) 转让、无偿调出、对外捐赠、对外投资无形资产的核算。

第一，转让、无偿调出、对外捐赠无形资产，转入待处置资产时，按照待处置无形资产的账面价值，借记"待处置资产损益"科目，按照已计提摊销，借记"累计摊销"科目，按照无形资产的账面余额，贷记本科目。实际转让、调出、捐出时，按照处置无形资产对应的非流动资产基金，借记"非流动资产基金——无形资产"科目，贷记"待处置资产损益"科目。转让无形资产过程中取得价款、发生相关税费，以及出售价款扣除相关税费后的净收入的账务处理，参见"待处置资产损益"科目。

第二，以已入账无形资产对外投资，按照评估价值加上相关税费作为投资成本，借记"长期投资"科目，贷记"非流动资产基金——长期投资"科目，按照发生的相关税费，借记"其他支出"科目，贷记"银行存款""应缴税费"等科目；同时，按照投出无形资产对应的非流动资产基金，借记"非流动资产基金——无形资产"科目，按照投出无形资产已计提摊销，借记"累计摊销"科目，按照投出无形资产的账面余额，贷记本科目。

(5) 无形资产核销的核算。无形资产预期不能为事业单位带来服务潜力或经济利益的，应当按照规定报经批准后将该无形资产的账面价值予以核销。转入待处置资产时，按照待核销无形资产的账面价值，借记"待处置资产损益"科目，按照已计提摊销，借记"累计摊销"科目，按照无形资产的账面余额，贷记本科目。报经批准予以核销时，按照核销无形资产对应的非流动资产基金，借记"非流动资产基金——无形资产"科目，贷记"待处置资产损益"科目。

二、事业单位负债核算

负债是指事业单位所承担的能以货币计量，需要以资产或者劳务偿还的债务。事业单位的负债按照流动性，可分为流动负债和非流动负债。事业单位的流动负债包括短期借款、应付及预收款项、应付职工薪酬等；非流动负债包括长期借款和长期应付款等。事业单位的负债应当按照合同金额或实际发生额进行计量。

(一) 事业单位流动负债的核算

流动负债是指预计在一年内(含一年)偿还的负债。事业单位的流动负债包括短期借款、应付及预收款项、应付职工薪酬和应缴款项等。

1. 短期借款的核算

短期借款是指事业单位借入的期限在一年内(含一年)的各种借款。短期借款用于弥补事业单位临时性运营周期或由季节性等因素而出现的资金不足，向银行等金融机构借入的短期资金。

（1）借入各种短期借款时，按照实际借入的金额，借记"银行存款"科目，贷记本科目。

（2）银行承兑汇票到期，本单位无力支付票款的，按照银行承兑汇票的票面金额，借记"应付票据"科目，贷记本科目。

（3）支付短期借款利息时，借记"其他支出"科目，贷记"银行存款"科目。

（4）归还短期借款时，借记本科目，贷记"银行存款"科目。

2. 应付及预收款项的核算

应付及预收款项是指事业单位在开展业务活动中发生的各项债务，包括应付票据、应付账款、其他应付款等应付款项和预收账款。

（1）应付票据的核算。应付票据是指事业单位因购买材料、物资等而开出、承兑的商业汇票，包括银行承兑汇票和商业承兑汇票。

第一，开出、承兑商业汇票时，借记"存货"等科目，贷记本科目。以承兑商业汇票抵付应付账款时，借记"应付账款"科目，贷记本科目。

第二，支付银行承兑汇票的手续费时，借记"事业支出""经营支出"等科目，贷记"银行存款"等科目。

（2）应付账款的核算。应付账款是指事业单位因购买材料、物资等而应付的款项。它是买卖双方在购销活动中由于取得物资与支付货款在时间上不一致而产生的债务责任。

第一，购入材料、物资等已验收入库但货款尚未支付的，按照应付未付金额，借记"存货"等科目，贷记本科目。

第二，偿付应付账款时，按照实际支付的款项金额，借记本科目，贷记"银行存款"等科目。

第三，开出、承兑商业汇票抵付应付账款，借记本科目，贷记"应付票据"科目。

第四，无法偿付或债权人豁免偿还的应付账款，借记本科目，贷记"其他收入"科目。

（3）预收账款的核算。预收账款是指事业单位按照合同的规定预收的款项。预收账款所形成的负债不是以货币偿付的,而是以货物或劳务偿付的。

第一,从付款方预收款项时,按照实际预收的金额,借记"银行存款"等科目,贷记本科目。

第二,确认有关收入时,借记本科目,按照应确认的收入金额,贷记"经营收入"等科目,按照付款方补付或退回付款方的金额,借记或贷记"银行存款"等科目。

第三,无法偿付或债权人豁免偿还的预收账款,借记本科目,贷记"其他收入"科目。

(4)其他应付款。其他应付款是指事业单位除应缴税费、应缴国库款、应缴财政专户款、应付职工薪酬、应付票据、应付账款、预收账款之外的其他各项偿还期限在一年内(含一年)的应付及暂收款项,如存入保证金等。

第一,发生其他各项应付及暂收款项时,借记"银行存款"等科目,贷记本科目。

第二,支付其他应付款项时,借记本科目,贷记"银行存款"等科目。

第三,无法偿付或债权人豁免偿还的其他应付款项,借记本科目,贷记"其他收入"科目。

3.应付职工薪酬的核算

应付职工薪酬是指事业单位按有关规定应付给职工及为职工支付的各种薪酬,包括基本工资、绩效工资、国家统一规定的津贴补贴、社会保险费、住房公积金等。

(1)计算当期应付职工薪酬,借记"事业支出""经营支出"等科目,贷记本科目。

(2)向职工支付工资、津贴补贴等薪酬,借记本科目,贷记"财政补助收入""零余额账户用款额度""银行存款"等科目。

(3)按税法规定代扣代缴个人所得税,借记本科目,贷记"应缴税费——应缴个人所得税"科目。

(4)按照国家有关规定缴纳职工社会保险费和住房公积金,借记本科目,贷记"财政补助收入""零余额账户用款额度""银行存款"等科目。

(5)从应付职工薪酬中支付其他款项,借记本科目,贷记"财政补助收入""零余额账户用款额度""银行存款"等科目。

(二) 事业单位非流动负债的核算

事业单位的非流动负债包括长期借款、长期应付款等。

1. 长期借款的核算

长期借款是指事业单位借入的期限超过一年（不含一年）的各种借款。如从各专业银行、商业银行取得的贷款，或者向财务公司、投资公司等金融企业借入的款项。

（1）借入各项长期借款时，按照实际借入的金额，借记"银行存款"科目，贷记本科目。

（2）为购建固定资产支付的专门借款利息，分以下情况处理：

第一，属于工程项目建设期间支付的，计入工程成本，按照支付的利息，借记"在建工程"科目，贷记"非流动资产基金——在建工程"科目；同时，借记"其他支出"科目，贷记"银行存款"科目。

第二，属于工程项目完工交付使用后支付的，计入当期支出但不计入工程成本，按照支付的利息，借记"其他支出"科目，贷记"银行存款"科目。

（3）其他长期借款利息，按照支付的利息金额，借记"其他支出"科目，贷记"银行存款"科目。

（4）归还长期借款时，借记本科目，贷记"银行存款"科目。

2. 长期应付款的核算

长期应付款是指事业单位发生的偿还期限超过一年（不含一年）的应付款项，主要指事业单位融资租入固定资产发生的应付租赁款。如以融资租赁租入固定资产的租赁费、跨年度分期付款购入固定资产的价款等。

（1）发生长期应付款时，借记"固定资产""在建工程"等科目，贷记本科目、"非流动资产基金"等科目。

（2）支付长期应付款时，借记"事业支出""经营支出"等科目，贷记"银行存款"等科目；同时，借记本科目，贷记"非流动资产基金"科目。

（3）无法偿付或债权人豁免偿还的长期应付款，借记本科目，贷记"其他收入"科目。

第四节 事业单位财务报表的编制

一、资产负债表的编制

资产负债表是指反映事业单位在某一特定日期的财务状况的报表。资产负债表应当按照资产、负债和净资产分类列示。资产负债表是根据"资产＝负债＋净资产"的会计等式进行编制的。该表的编制格式为账户式结构，分为左右两部分，左边反映资产，右边反映负债及净资产的内容。资产和负债应当分流动资产和非流动资产、流动负债和非流动负债列示。

资产负债表各项目都设有两栏，分别为"年初余额"和"期末余额"。"年初余额"栏内各项数字，应当根据上年年末资产负债表"期末余额"栏内数字填列。如果本年度资产负债表规定的各个项目的名称和内容同上年度不一致，应对上年年末资产负债表各项目的名称和数字按照本年度的规定进行调整，填入到"年初余额"栏内。"期末余额"栏各项目的内容和填列方法如下：

(一) 资产类项目

第一，"货币资金"项目。反映事业单位期末库存现金、银行存款和零余额账户用款额度的合计数。本项目应当根据"库存现金""银行存款""零余额账户用款额度"科目的期末余额合计填列。

第二，"短期投资"项目。反映事业单位期末持有的短期投资成本。本项目应当根据"短期投资"科目的期末余额填列。

第三，"财政应返还额度"项目。反映事业单位期末财政应返还额度的金额。本项目应当根据"财政应返还额度"科目的期末余额填列。

第四，"应收票据"项目。反映事业单位期末持有的应收票据的票面金额。本项目应当根据"应收票据"科目的期末余额填列。

第五，"应收账款"项目。反映事业单位期末尚未收回的应收账款余额。本项目应当根据"应收账款"科目的期末余额填列。

第六，"预付账款"项目。反映事业单位预付给商品或者劳务供应单位的款项。本项目应当根据"预付账款"科目的期末余额填列。

第七，"其他应收款"项目。反映事业单位期末尚未收回的其他应收款余额。本项目应当根据"其他应收款"科目的期末余额填列。

第八,"存货"项目。反映事业单位期末为开展业务活动及其他活动耗用而储存的各种材料、燃料、包装物、低值易耗品及达不到固定资产标准的用具、装具、动植物等的实际成本。本项目应当根据"存货"科目的期末余额填列。

第九,"其他流动资产"项目。反映事业单位除上述各项之外的其他流动资产,如将在一年内(含一年)到期的长期债券投资。本项目应当根据"长期投资"等科目的期末余额分析填列。

第十,"长期投资"项目。反映事业单位持有时间超过一年(不含一年)的股权和债权性质的投资。本项目应当根据"长期投资"科目期末余额减去其中将于一年内(含一年)到期的长期债券投资余额后的金额填列。

第十一,"固定资产"项目。反映事业单位期末各项固定资产的账面价值。本项目应当根据"固定资产"科目期末余额减去"累计折旧"科目期末余额后的金额填列。"固定资产原价"项目,反映事业单位期末各项固定资产的原价。本项目应当根据"固定资产"科目的期末余额填列。"累计折旧"项目,反映事业单位期末各项固定资产的累计折旧。本项目应当根据"累计折旧"科目的期末余额填列。

第十二,"在建工程"项目。反映事业单位期末尚未完工交付使用的在建工程发生的实际成本。本项目应当根据"在建工程"科目的期末余额填列。

第十三,"无形资产"项目。反映事业单位期末持有的各项无形资产的账面价值。本项目应当根据"无形资产"科目期末余额减去"累计摊销"科目期末余额后的金额填列。"无形资产原价"项目,反映事业单位期末持有的各项无形资产的原价。本项目应当根据"无形资产"科目的期末余额填列。"累计摊销"项目,反映事业单位期末各项无形资产的累计摊销。本项目应当根据"累计摊销"科目的期末余额填列。

第十四,"待处置资产损益"项目。反映事业单位期末待处置资产的价值及处置损益。本项目应当根据"待处置资产损益"科目的期末借方余额填列,如"待处置资产损益"科目期末为贷方余额,则以"—"号填列。

第十五,"非流动资产合计"项目。按照"长期投资""固定资产""在建工程""无形资产""待处置资产损益"项目金额的合计数填列。

(二）负债类项目

第一，"短期借款"项目。反映事业单位借入的期限在一年内（含一年）的各种借款。本项目应当根据"短期借款"科目的期末余额填列。

第二，"应缴税费"项目。反映事业单位应缴未缴的各种税费。本项目应当根据"应缴税费"科目的期末贷方余额填列，如"应缴税费"科目期末为借方余额，则以"－"号填列。

第三，"应缴国库款"项目。反映事业单位按规定应缴入国库的款项（应缴税费除外）。本项目应当根据"应缴国库款"科目的期末余额填列。

第四，"应缴财政专户款"项目。反映事业单位按规定应缴入财政专户的款项。本项目应当根据"应缴财政专户款"科目的期末余额填列。

第五，"应付职工薪酬"项目。反映事业单位按照有关规定应付给职工及为职工支付的各种薪酬。本项目应当根据"应付职工薪酬"科目的期末余额填列。

第六，"应付票据"项目。反映事业单位期末应付票据的金额。本项目应当根据"应付票据"科目的期末余额填列。

第七，"应付账款"项目。反映事业单位期末尚未支付的应付账款的金额。本项目应当根据"应付账款"科目的期末余额填列。

第八，"预收账款"项目。反映事业单位期末按合同规定预收但尚未实际结算的款项。本项目应当根据"预收账款"科目的期末余额填列。

第九，"其他应付款"项目。反映事业单位期末应付未付的其他各项应付及暂收款项。本项目应当根据"其他应付款"科目的期末余额填列。

第十，"其他流动负债"项目。反映事业单位除上述各项之外的其他流动负债，如承担的将于一年内（含一年）偿还的长期负债。本项目应当根据"长期借款""长期应付款"等科目的期末余额分析填列。

第十一，"长期借款"项目。反映事业单位借入的期限超过一年（不含一年）的各项借款本金。本项目应当根据"长期借款"科目的期末余额减去其中将于一年内（含一年）到期的长期借款余额后的金额填列。

第十二，"长期应付款"项目。反映事业单位发生的偿还期限超过一年（不含一年）的各种应付款项。本项目应当根据"长期应付款"科目的期末余额减去其中将于一年内（含一年）到期的长期应付款余额后的金额填列。

二、收入支出表或者收入费用表的编制

收入支出表或者收入费用表是指反映事业单位在某一会计期间的事业成果及其分配情况的报表。收入支出表或者收入费用表应当按照收入、支出或者费用的构成和非财政补助结余分配情况分项列示。该表按照收入、支出或者费用的构成和非财政补助结余分配情况分项进行列示。表内各项目之间的关系为：本期财政补助结转结余＝财政补助收入－事业支出（财政补助支出）；本期事业结转结余＝事业类收入－事业类支出；本期经营结余＝经营收入－经营支出。

在编制年度收入支出表时，应当将本栏改为"上年数"栏，反映上年度各项目的实际发生数，如果本年度收入支出表规定的各个项目的名称和内容同上年度不一致，应对上年度收入支出表各项目的名称和数字按照本年度的规定进行调整，填入本年度收入支出表的"上年数"栏。

表中的"本年累计数"栏反映各项目自年初起至报告期末止的累计实际发生数。编制年度收入支出表时，应当将本栏改为"本年数"。

表中的"本月数"栏各项目的内容和填列方法如下：

(一) 本期财政补助结转结余

"本期财政补助结转结余"项目，反映事业单位本期财政补助收入与财政补助支出相抵后的余额。本项目应当按照本表中"财政补助收入"项目金额减去"事业支出（财政补助支出）"项目金额后的余额填列。

第一，"财政补助收入"项目。反映事业单位本期从同级财政部门取得的各类财政拨款。本项目应当根据"财政补助收入"科目的本期发生额填列。

第二，"事业支出（财政补助支出）"项目。反映事业单位本期使用财政补助发生的各项事业支出。本项目应当根据"事业支出—财政补助支出"科目的本期发生额填列，或者根据"事业支出—基本支出（财政补助支出）""事业支出—项目支出（财政补助支出）"科目的本期发生额合计填列。

(二) 本期事业结转结余

"本期事业结转结余"项目，反映事业单位本期除财政补助收支、经营收支以外的各项收支相抵后的余额。本项目应当按照本表中"事业类收入"项目金额减去"事业类支出"项目金额后的余额填列，如为负数，以"—"号填列。

第一，"事业类收入"项目。反映事业单位本期事业收入、上级补助收入、附属单位上缴收入和其他收入的合计数。本项目应当按照本表中"事业收入""上级补助收入""附属单位上缴收入""其他收入"项目金额的合计数填列。"事业收入"项目，反映事业单位开展专业业务活动及其辅助活动取得的收入。本项目应当根据"事业收入"科目的本期发生额填列。"上级补助收入"项目，反映事业单位从主管部门和上级单位取得的非财政补助收入。本项目应当根据"上级补助收入"科目的本期发生额填列。"附属单位上缴收入"项目，反映事业单位附属独立核算单位按照有关规定上缴的收入。本项目应当根据"附属单位上缴收入"科目的本期发生额填列。"其他收入"项目，反映事业单位除财政补助收入、事业收入、上级补助收入、附属单位上缴收入和经营收入以外的其他收入。本项目应当根据"其他收入"科目的本期发生额填列。"捐赠收入"项目，反映事业单位接受现金和存货捐赠取得的收入。本项目应当根据"其他收入"科目所属相关明细科目的本期发生额填列。

第二，"事业类支出"项目。反映事业单位本期事业支出（非财政补助支出）、上缴上级支出、对附属单位补助支出和其他支出的合计数。本项目应当按照本表中"事业支出（非财政补助支出）""上缴上级支出""对附属单位补助支出""其他支出"项目金额的合计数填列。"事业支出（非财政补助支出）"项目，反映事业单位使用财政补助以外的资金发生的各项事业支出。本项目应当根据"事业支出—非财政专项资金支出""事业支出—其他资金支出"科目的本期发生额合计填列，或者根据"事业支出—基本支出（其他资金支出）""事业支出—项目支出（非财政专项资金支出、其他资金支出）"科目的本期发生额合计填列。"上缴上级支出"项目，反映事业单位按照财政部门和主管部门的规定上缴上级单位的支出。本项目应当根据"上缴上级支出"科目的本期发生额填列。"对附属单位补助支出"项目，反映事业单位用财政补助收入之外的收入对附属单位补助发生的支出。本项目应当根据"对附属单位补助支出"科目的本期发生额填列。"其他支出"项目，反映事业单位除事业支出、上缴上级支出、对附属单位补助支出、经营支出以外的其他支出。本项目应当根据"其他支出"科目的本期发生额填列。

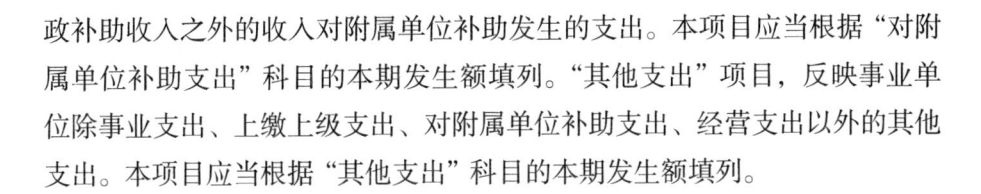

(三) 本期经营结余

"本期经营结余"项目，反映事业单位本期经营收支相抵后的余额。本项目应当按照本表中"经营收入"项目金额减去"经营支出"项目金额后的余额填列，如为负数，以"—"号填列。

第一，"经营收入"项目。反映事业单位在专业业务活动及其辅助活动之外开展非独立核算经营活动取得的收入。本项目应当根据"经营收入"科目的本期发生额填列。

第二，"经营支出"项目。反映事业单位在专业业务活动及其辅助活动之外开展非独立核算经营活动发生的支出。本项目应当根据"经营支出"科目的本期发生额填列。

(四) 弥补以前年度亏损后的经营结余

"弥补以前年度亏损后的经营结余"项目，反映事业单位本年度实现的经营结余扣除本年初未弥补经营亏损后的余额。本项目应当根据"经营结余"科目年末转入"非财政补助结余分配"科目前的余额填列，如该年末余额为借方余额，以"—"号填列。

(五) 本年非财政补助结转结余

"本年非财政补助结转结余"项目，反映事业单位本年除财政补助结转结余之外的结转结余金额。如本表中"弥补以前年度亏损后的经营结余"项目为正数，本项目应当按照本表中"本期事业结转结余""弥补以前年度亏损后的经营结余"项目金额的合计数填列，如为负数，以"—"号填列。

(六) 本年非财政补助结余

"本年非财政补助结余"项目，反映事业单位本年除财政补助之外的其他结余金额。本项目应当按照本表中"本年非财政补助结转结余"项目金额减去"非财政补助结转"项目金额后的金额填列，如为负数，以"—"号填列。

第一，"应缴所得税"项目。反映事业单位按照税法规定应缴纳的所得税金额。本项目应当根据"非财政补助结余分配"科目的本年发生额分析填列。

第二，"提取专用基金"项目。反映事业单位本年按规定提取的专用基金金额。本项目应当根据"非财政补助结余分配"科目的本年发生额分析填列。

(七) 转入事业基金

"转入事业基金"项目，反映事业单位本年按规定转入事业基金的非财政补助结余资金。本项目应当按照本表中"本年非财政补助结余"项目金额减去"应缴企业所得税""提取专用基金"项目金额后的余额填列，如为负数，以"—"号填列。

三、财政补助收入支出表的编制

财政补助收入支出表是指反映事业单位在某一会计期间财政补助收入、支出、结转及结余情况的报表。财政补助收入支出表是根据事业单位的实际情况，满足预算管理和财务管理等多方面的信息需求，在事业单位会计报表体系中新增的会计报表。财政补助收入支出表采用的结构形式为报告式结构，来反映事业单位某一会计年度财政补助收入、支出、结转及结余情况。

财政补助收入支出表属于年度报表，因此，表中的主要栏目包括"上年数"和"本年数"两个。该表中"上年数"栏内各项数字，应当根据上年度财政补助收入支出表"本年数"栏内数字填列。表中的"本年数"栏各项目的内容和填列方法如下：

第一，"年初财政补助结转结余"项目及其所属各明细项目。反映事业单位本年初财政补助结转和结余余额。各项目应当根据上年度财政补助收入支出表中"年末财政补助结转结余"项目及其所属各明细项目"本年数"栏的数字填列。

第二,"调整年初财政补助结转结余"项目及其所属各明细项目。反映事业单位因本年发生需要调整以前年度财政补助结转结余的事项。对年初财政补助结转结余的调整金额,各项目应当根据"财政补助结转""财政补助结余"科目及其所属明细科目的本年发生额分析填列。如调整减少年初财政补助结转结余,以"—"号填列。

第三,"本年归集调入财政补助结转结余"项目及其所属各明细项目。反映事业单位本年度取得主管部门归集调入的财政补助结转结余资金或额度金额。各项目应当根据"财政补助结转""财政补助结余"科目及其所属明细科目的本年发生额分析填列。

第四,"本年上缴财政补助结转结余"项目及其所属各明细项目。反映事业单位本年度按照规定实际上缴的财政补助结转结余资金或额度金额。各项目应当根据"财政补助结转""财政补助结余"科目及其所属明细科目的本年发生额分析填列。

第五,"本年财政补助收入"项目及其所属各明细项目。反映事业单位本年度从同级财政部门取得的各类财政拨款金额。各项目应当根据"财政补助收入"科目及其所属明细科目的本年发生额填列。

第六,"本年财政补助支出"项目及其所属各明细项目。反映事业单位本年度发生的财政补助支出金额。各项目应当根据"事业支出"科目所属明细科目本年发生额中的财政补助支出数填列。

第七,"年末财政补助结转结余"项目及其所属各明细项目。反映事业单位截至本年末的财政补助结转和结余余额。各项目应当根据"财政补助结转""财政补助结余"科目及其所属明细科目的年末余额填列。

第三章　事业单位内部控制分析

事业单位要想提高社会公共服务水平，促进我国行政事业的健康良性发展，就必须加强内部控制工作，提高财务会计管理水平。本章主要探究控制与内部控制、事业单位内部控制的原则与目标、事业单位风险评估与控制活动、事业单位内部控制方法。

第一节　控制与内部控制

一、控制

控制和受控制是一切事物存在的基础，不受控制的事物本身无法存在。一个人生存在一个处处受控制的环境中，不但行为要受法律、规范、习俗、礼仪、道德等社会规则的约束，生命还要受自然法则如自然生态、遗传、物质、时间、能量等的制约。一台机械在设计制造的时候需要考虑怎么控制其运转，比如开关、能源供给、速度控制等等，不受控制的机械是没有使用价值的。自然界物种的繁衍和消亡、宇宙的产生和演化无不在控制和受控制中进行。一个社会也是在自然控制和人为控制的双重作用下正常运转、发展和进步的。

一个社会组织有其明确的组织目标，比如一个公司的经营目标、一个事业单位的事业目标、一个慈善组织的社会公益目标等，围绕目标所开展的一系列业务活动应当处于有效的控制当中，失控的活动无法为实现组织目标服务。所以一个社会组织的存在和运转也是受控制的结果。这也是为什么控制被视作管理的一项重要职能的原因。

控制论是一种科学方法论。在控制论中，"控制"的定义是：为了改善某个或某些受控对象的功能或推进其发展，需要获得并使用信息，以这种信

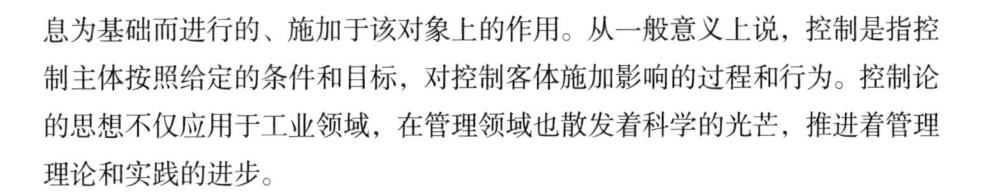

息为基础而进行的、施加于该对象上的作用。从一般意义上说，控制是指控制主体按照给定的条件和目标，对控制客体施加影响的过程和行为。控制论的思想不仅应用于工业领域，在管理领域也散发着科学的光芒，推进着管理理论和实践的进步。

二、管理中的控制

从一定意义上说，管理的过程就是控制的过程。因此，控制既是管理的一项重要职能，又贯穿于管理的全过程。一般说来，管理中的控制职能，是指管理主体为了达到一定的组织目标，运用一定的控制机制和控制手段，对管理客体施加影响的过程。

(一) 控制的目的

管理中控制的目的包括：①影响组织中成员的思想和行为，以保证组织战略被执行，从而使组织目标得以实现；②通过规则和流程保证业务活动的方向、资源使用，将业务活动风险控制在合理的范围之内，及时发现和纠正影响组织目标实现的偏差。

(二) 控制的作用

控制的作用具体体现在以下方面：

第一，控制可以使复杂的组织活动协调一致地运作。由于现代组织的规模有着日益扩大的趋势，组织的各种活动日趋复杂化，要使组织内众多的部门和人员在分工的基础上能够协调一致地工作，完善的计划是必备的基础，而计划的实施则要以控制为保证手段。

第二，控制可以避免和减少管理失误造成的损失。组织所处环境的不确定性以及组织活动的复杂性会导致不可避免的管理失误。控制工作通过对管理全过程的检查和监督，可以及时发现组织中的问题，并采取纠偏措施，以避免或减少工作中的损失，为执行和完成计划起着必要的保障作用。

第三，控制可以有效减轻环境的不确定性对组织活动的影响。现代组织所面对的环境具有复杂多变的特点，再完善的计划也难以将未来出现的变化考虑得十分周全。因此，为了保证组织目标和计划的顺利实施，就必须通过控制降低环境的各种变化对组织活动的影响。

三、内部控制

内部控制是为有效执行组织战略，实现组织目标，保护资产的安全完整，保证会计信息资料的正确可靠，保证活动和资源使用的经济性、效率性和效果性而主动采取的自我调整、约束、规划、评价和控制的一系列方法、手段与措施。内部控制是组织的主动行为，是主动控制。

第二节 事业单位内部控制的原则与目标

一、事业单位内部控制的目标

"近年来，事业单位改革得到有效落实，多数事业单位开始通过内部控制手段提升管理水平。"内部控制通过有效的组织机构及职责权限，依据一系列的监督与评价制度，采用适当的内部控制方法对单位各类业务和职能活动施加控制，以达到控制业务活动风险、实现组织目标的目的。结合事业单位具体业务活动及风险分布领域，事业单位内部控制有五大目标：①合理保证单位经济活动合法合规，即合规目标；②合理保证资产安全和使用有效，即安全目标；③合理保证财务信息真实完整，即报告目标；④有效防范舞弊和预防腐败，即预防目标；⑤提高公共服务的效率和效果，即运营目标。

二、事业单位内部控制的原则

（一）全面性原则

内部控制应当贯穿单位经济活动的决策、执行和监督全过程，实现对经济活动的全面控制。内部控制应当覆盖单位的全部经济活动，实现全方位控制；应当将内部控制的思想、制衡机制和控制措施落实到经济活动的各个环节，实现全过程控制；应当对单位所有相关人员包括对单位负责人进行控制，实现全员控制。

(二) 重要性原则

在全面控制的基础上，内部控制应当关注单位重要经济活动和经济活动的重大风险，对单位的重要经济活动的业务环节采取更为严格的控制措施，对经济活动的重大风险环节采取更为严格的控制措施。

(三) 制衡性原则

内部控制应当在单位内部的部门管理、职责分工、业务流程等方面相互制约和相互监督，确保不同部门、岗位之间权责分明，相互制约，相互监督，同时兼顾运行效率。

(四) 适应性原则

内部控制应当符合国家有关规定和单位的实际情况，并随着外部环境的变化、单位经济活动的调整和管理要求的提高，不断修订和完善。内部控制应当与本单位性质、业务范围、经济活动的特点、风险水平相适应。内部控制应当与所处内外环境相适应，根据新的变化和要求及时完善制度、改进措施和调整程序。

第三节　事业单位风险评估与控制活动

一、事业单位风险评估

风险评估是指按照一定的程序，采取定性或定量的方法，识别和分析经济活动风险发生的可能程度及造成的后果，为选择风险应对策略、制定风险控制措施提供依据。一般来说，单位经济活动的主要风险包括：①单位经济活动不合法或不合规；②国有资产流失、资源使用效益低下；③财务信息不真实、不完整；④发生舞弊或腐败现象以及其他风险。

为有效识别、评估风险，单位应建立经济活动风险定期评估机制，对经济活动存在的风险进行全面、系统和客观的评估。外部环境、经济活动或管理要求等发生重大变化的，应及时对经济活动风险进行重估。事业单位还应当对高风险经济活动进行不定期评估。"内部控制风险评估体系能够梳理各项业务流程,识别内部控制中的风险点,并针对风险制定解决措施。"[1]

事业单位开展经济活动风险评估,应成立风险评估工作小组,由单位领导担任组长,由财会、资产管理、采购、基本建设、内部审计、纪检监察等部门或岗位抽调关键工作人员或技术专家作为工作小组的成员。风险评估工作小组的职责包括:①制定风险评估实施方案,确定风险评估的内容、标准、时点、程序和方法;②组织各部门梳理每一类经济活动的流程,按流程排查风险点,制定风险控制措施;③讨论并确定单位重要经济活动和经济活动的重大风险,确定风险应对策略;④做好风险的汇总、整理和分析工作,经济活动风险评估结果应当形成书面报告。

实施风险评估通常按照以下步骤开展工作:

(一)目标设定

风险评估小组应当根据各项经济活动的特点,采取恰当的程序设定具体风险控制目标,设定的目标应符合单位实际情况和内部控制要求。

(二)风险识别

根据设定的具体目标,选择合适的方法,从单位层面和业务层面识别并找出各项经济活动的具体风险,对各种风险进行梳理、汇总,形成风险点清单。

1. 单位层面的风险评估

单位层面的风险评估应主要关注以下内容:

(1)内部控制工作的组织情况。包括是否确定了内部控制职能部门或牵头部门,是否建立了单位各部门在内部控制中的沟通协调和联动机制。

(2)内部控制机制的建设情况。包括经济活动的决策、执行、监督是否实现有效分离,权责是否对等,是否建立健全了议事决策机制、岗位责任制、内部监督等机制。

(3)内部管理制度的完善情况。包括内部管理制度是否健全,执行是否有效。

---

[1] 韩敏. 全额拨款事业单位内控风险评估体系研究 [J]. 商讯,2021(12):131.

（4）内部控制关键岗位工作人员的管理情况。包括是否建立了工作人员的培训、评价、轮岗等机制，工作人员是否具备相应的资格和能力。

（5）财务信息的编报情况。包括是否按照国家统一的会计制度对经济业务事项进行账务处理，是否按照国家统一的会计制度编制财务会计报告。

（6）其他相关情况。

2. 业务层面的风险评估

业务层面的风险评估应主要关注以下内容：

（1）预算管理情况。包括在预算编制过程中单位内部各部门间沟通协调是否充分，预算编制与资产配置是否相结合、与具体工作是否相对应；是否按照批复的额度和开支范围执行预算，进度是否合理，是否存在无预算、超预算支出等问题；决算编报是否真实、完整、准确、及时。

（2）收支管理情况。包括收入是否实现归口管理，是否按照规定及时向财会部门提供收入的有关凭据，是否按照规定保管和使用印章和票据等；发生支出事项时是否按照规定审核各类凭据的真实性、合法性，是否存在使用虚假票据套取资金的情形。

（3）政府采购管理情况。包括是否按照预算和计划组织政府采购业务，是否按照规定组织政府采购活动和执行验收程序，是否按照规定保存政府采购业务相关档案。

（4）资产管理情况。包括是否实现资产归口管理并明确使用责任；是否定期对资产进行清查盘点，对账实不符的情况及时进行处理；是否按照规定处置资产。

（5）建设项目管理情况。包括是否按照概算投资，是否严格履行了审核审批程序，是否建立了有效的招投标控制机制，是否存在截留、挤占、挪用、套取建设项目资金的情形，是否按照规定保存建设项目相关档案并及时办理移交手续。

（6）合同管理情况。包括是否实施了合同归口管理，是否明确了应签订合同的经济活动范围和条件，是否有效监控了合同履行、实施情况，是否建立了合同纠纷协调机制。

（7）其他相关情况。

(三) 风险分析

在风险识别的基础上，运用定量和定性方法进一步分析风险发生的可能性和对控制目标实现的影响程度，对风险进行排序，明确重要风险和一般风险，确定内部控制需要重点关注和优先控制的风险点

(四) 风险应对

在风险分析的基础上，针对单位所存在的风险，选择风险应对策略，根据内部控制的目标、原则，选择合适的内部控制方法，提出风险解决方案，制定风险控制措施。

风险评估结果应当形成书面报告并及时提交给单位领导，作为完善内部控制的依据。风险评估报告的内容如下：

第一，风险评估工作组织情况，包括风险评估活动的工作机制，风险评估的范围，风险评估的标准、程序、时点和方法，收集的资料和证据等情况。

第二，发现的风险因素，包括单位层面的风险因素和业务层面的风险因素。

第三，风险的分析。根据风险发生的可能性和风险影响程度对发现的风险因素进行分析，然后进行排序，指出重大和重要的风险因素，提醒单位领导班子和相关部门重点关注。

第四，风险应对策略及具体控制措施建议。针对单位所存在的风险，提出各种解决方案，拟定风险应对策略，选择控制方法，制定控制措施。

二、事业单位控制活动

控制活动是指单位根据风险评估结果，采取相应的控制措施，将风险控制在可承受限度之内。控制活动直观表现为单位的控制指令得以贯彻执行的政策和程序，它存在于整个单位的所有部门和所有的业务活动之中。控制活动按照不同的分类标准可以划分为不同的类型。

(一) 按控制活动的目标划分

按控制活动的目标划分，可分为五类：①战略目标控制活动，指能够满足战略目标实现的控制活动；②经营目标控制活动，指能够满足经营活动效率与效果的控制活动；③报告目标控制活动，指能够满足报告目标的控制活动；④合规性目标控制活动，指能够满足合规性目标的控制活动；⑤资产安全目标控制活动，指能够满足资产安全目标的控制活动。

(二) 按控制活动的内容划分

按控制活动的内容划分，可分为单位层面控制和业务层面控制。单位层面控制是指那些对于单位的整个内部控制体系具有广泛影响的控制，如组织、文化、人力资源以及对内部控制的自我评价等；业务层面控制是指直接作用于单位业务活动的具体控制，亦称业务控制，如业务处理程序中的批准与授权、审核与复核，以及为保证资产安全而采用的限制接近等控制。

(三) 按控制活动的作用划分

按控制活动的作用划分，控制活动可分为预防性控制和发现性控制。预防性控制是指为防止错误和非法行为的发生，或尽量减少其发生机会所进行的一种控制；发现性控制是指为及时查明已发生的错误和非法行为，或增强发现错误和非法行为机会的能力所进行的各项控制。

(四) 按控制活动的手段划分

按控制活动的手段划分，控制活动可分为人工控制和自动控制。人工控制是以人工方式执行的控制，自动控制是由计算机等系统自动执行的控制。

第四节　事业单位内部控制方法

内部控制的目标是通过采用具体而有效的控制方法来达成的。控制方法是为控制某项风险而有针对性地采取的方法，控制方法应用到具体业务过程便是具体的控制措施。经常采用的内部控制方法主要如下：

第一，不相容岗位相互分离。合理设置内部控制关键岗位，明确划分职责权限，实施相应的分离措施，形成相互制约、相互监督的工作机制。

第二，内部授权审批控制。明确各岗位办理业务和事项的权限范围、审批程序和相关责任，建立重大事项集体决策和会签制度。相关工作人员应当在授权范围内行使职权、办理业务。

第三，归口管理。根据本单位实际情况，按照权责对等的原则，采取成立联合工作小组并确定牵头部门或牵头人员等方式，对有关经济活动实行统一管理。

第四，预算控制。强化对经济活动的预算约束，使预算管理贯穿于单位经济活动的全过程。

第五，财产保护控制。建立资产日常管理制度和定期清查机制，采取资产记录、实物保管、定期盘点、账实核对等措施，确保资产安全、完整。

第六，会计控制。建立健全本单位财会管理制度，加强会计机构建设，提高会计人员业务水平，强化会计人员岗位责任制，规范会计基础工作，加强会计档案管理，明确会计凭证、会计账簿和财务会计报告处理程序。

第七，单据控制。根据国家有关规定和单位的经济活动业务流程，在内部管理制度中明确界定各项经济活动所涉及的表单和票据，要求相关工作人员按照规定填制、审核、归档、保管单据。

第八，信息内部公开。建立健全经济活动相关信息内部公开制度，根据国家有关规定和单位的实际情况，确定信息内部公开的内容、范围、方式和程序。

第四章　事业单位内部控制应用与优化

随着事业单位管理的资产规模和涉及的经济活动不断增加，其面临的管理难点和运行风险也逐渐加大，需要通过加强内部控制来促进事业单位的健康发展。本章主要研究分析事业单位预算业务控制、事业单位收入与支出控制、事业单位固定资产管理体系、事业单位内部控制的优化。

第一节　事业单位预算业务控制

一、预算业务控制的目标与内容

预算作为事业单位的核心管理业务，是指事业单位根据事业发展计划和任务编制的年度财务收支计划，包括财务收支规模、结构和资金来源渠道等，是财务管理活动的基本依据。预算既是明确事业目标和任务的一种形式，也是事业单位业务活动控制的重要基础和手段，业务活动都要以预算为基础进行。预算将公共服务目标转化为单位内部各部门、各岗位以及个人的具体行为目标，作为单位开展收支业务、采购业务、资产管理等经济活动的约束条件，能够从根本上保证事业单位内部控制目标的实现。所以，加强预算控制，规范预算编制、审批、执行、决算与评价，是加强事业单位内部控制管理的必不可少的内容和手段。

虽然预算本身就有控制功能，但也要重视对预算业务过程的控制，以保证实现预算管理目标，发挥预算的控制作用。单位预算业务或预算管理应在财政部门预算管理的整体框架和要求范围内，结合自身业务特点而展开。在遵循财政部门预算批复的口径与规则的基础上，应对财政部门预算在本单位内部进行分解和细化，明确完成工作任务的预算实施部门和实现方式，并通过具体的支出事项来体现，实现预算目标。正常情况下，事业单位应坚持

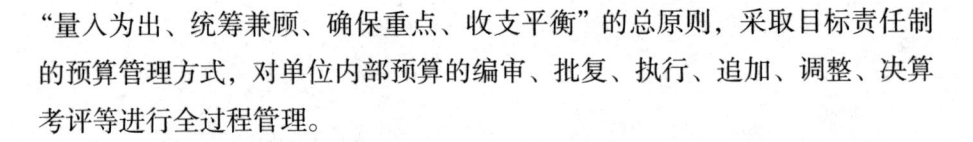

"量入为出、统筹兼顾、确保重点、收支平衡"的总原则，采取目标责任制的预算管理方式，对单位内部预算的编审、批复、执行、追加、调整、决算考评等进行全过程管理。

二、预算管理组织体系

单位预算控制需要通过组织和岗位体系来实施，事业单位应适当借鉴企业内部控制的一些先进理念，结合各单位自身的特点建立、完善有效的预算组织与岗位体系，明确预算控制中各组织机构的任务职责，确定相关岗位的职责权限，确保预算编制、审批、执行、评价等不相容岗位相互分离。

单位的预算管理需要单位内部各个部门的参与配合，除了作为核心部门的单位财务部门外，还涉及单位内设业务部门、单位归口统筹部门等相关职能部门。可以说预算管理就是整个单位的内部资源的整合优化的过程，需要单位全员、全部门、全过程的参与。当然，参与程度和职责范围也各有不同。

一般单位预算管理实行"标准统一、归口统筹、集体决策、分级执行"的层级管理形式，具体划分为预算决策机构、预算日常管理机构及单位内部预算实施机构三个层级的预算管理组织体系。

（一）预算决策机构

单位领导办公会议是单位预算决策机构，也有单位专门设置预算管理委员会作为预算决策机构。主要职责是决定单位预算管理政策，提出年度预算编制总体目标和总体要求，研究审定单位财务预决算、重大项目立项和经费分配使用计划，听取预决算执行情况分析报告。

（二）预算日常管理机构

单位财务部门是单位预算日常管理机构，在总会计师或分管领导的领导下开展预算管理的日常工作。财务部门可能会设置专门机构如预算科或预算组，主要职责包括：①负责单位预算日常管理的组织协调工作；②审核汇总年度预算、决算草案，负责年度预算调整和追加方案；③根据财政预决算批复，按相关规定做好预决算及相关财务数据向社会公开工作；④对年度预算执行情况进行分析、考核和检查，通报督办各单位预算执行情况，编写单位预算执行分析报告等。

(三) 预算实施机构

单位内部预算实施机构具体是指单位内部担负预算执行任务的各业务部门和其他部门。主要职责包括：①编报本部门年度收支预算；②分解落实本部门经批复的年度预算并组织实施；③撰写本部门年度预算执行分析报告；④提出本部门年度预算追加和调整申请；⑤编报本部门年度财务决算等。

财务部门应根据上级布置的工作目标和单位的发展规划，牵头并组织预算工作的开展，这一工作涵盖预算管理的完整过程；牵头制定全面预算管理办法，制定预算定额，编制预算编制指导意见，编制单位的总预算，分解单位预算，编制决算报告。

财务部门应设置预算科或预算组来负责预算的日常管理。财务部门从事预算管理的人员应熟悉财政部门及单位的预算管理政策，还应了解单位具体的业务活动，也就是既懂财务也熟悉业务，这样才能准确把握预算编制和执行的真实性和合理性。鉴于预算管理岗位的重要性，应设置必要的岗位胜任条件。

为确保预算控制的有效性和目标的实现，预算管理中应考虑不相容岗位问题，如预算编制方案的制定与审核、预算的编制与审批、预算的审批与执行、预算的编制与执行、预算的编制与调整、预算的执行与评价、预算的评价与考核、预算的执行与监督等。

三、预算编制与审核

预算编制是事业单位预算管理的起点。单位预算既取决于单位的业务活动目标，也取决于单位所获取的资源。既要依据以前发生的经济活动，又要合理规划未来的业务活动规模，实现财务对业务的支撑和管理。

单位应建立预算编制工作流程，明确编制依据、程序、方法等内容，确保预算编制程序规范、方法科学、编制及时、内容完整、项目细化、数据准确。一般按照上下结合、分级编制、逐级汇总的程序，编制年度预算建议数和预算方案,包括预算建议数的编制上报和预算控制数的下达("一上一下")及预算方案的编制上报和预算批复的下达("二上二下")两个流程。

预算编制的重点是收入预算和支出预算。编制收入预算时,应考虑单位维持正常运转和发展的基本需要,参考上一年预算执行情况,根据本年度的收入增减因素测算编制,实事求是、积极稳妥地合理预算本单位收入规模。编报全口径预算,按照规定必须列入预算的收入应报尽报,不得隐瞒少列收入预算,也不得将上年的非常规性收入作为编制依据夸大收入预算。支出预算编制,应充分考虑经济、政策和管理等方面的因素变化,结合单位发展的各项指标和履行职能的需要,坚持量力而行、量入为出的原则,优先保障基本支出预算,合理安排项目支出预算,不得以支定收,编制赤字预算。

(一)科学测算,形成合理的预算数据

在预算编制过程中要以业务计划为依据,注意单位内部各部门间的沟通协调,预算编制与资产配置相结合,预算指标能与具体工作一一对应。同时,预算编制应在上年度财政收支数据的基础上,根据本单位各部门(下属单位)上报的业务工作计划,对本年度单位财政收支的规模和结构进行预计和测算。单位预算管理部门依据财政预算编报要求,统一部署预算编报工作。各单位按照规定的预算编报职责、预算编制标准,以及下一年度工作安排,提出预算建议数以及基础申报数据,经单位领导班子审核后,向上提交。

(二)预算编制逐级审核

各预算单位按照预算编报职责、预算编制标准提出预算建议数以及基础申报数据后,按规定的报送方式,提交至预算管理部门。预算管理部门应对提交的预算建议数和申报数据进行初审,并进行汇总形成预算建议数,交财务部门负责人审核后,提交单位领导审定,单位领导审定后,预算管理部门应按同级财政部门或上级部门规定的格式及要求,报送审核。由于我国政府预算编制时点、人大的审批程序和审批时点的限制,预算编制无法完全与实际业务收支保持一致,难以要求预算编制具有高度的准确性,但事先合理预测可适度弥补。

(三)预算编制归口审核

预算编制可实行归口部门负责的方式，根据单位内部职责划分，既可以由归口部门负责组织对本单位归口职责范围内的业务事项进行预算的编制与审批，也可以采取归口部门只针对业务部门的预算事项进行专业性审核的方式。如人事部门负责统筹管理并审核批复本单位出国预算；信息化部门可以负责统管并组织编制、审批本单位所有信息化建设项目的预算，也可以只负责对本单位所有业务部门的信息化项目预算方案中的技术方案和预算金额进行专业审核。归口审核主要是对预算事项方案的可行性、计划的科学性、金额的合理性发表专业性审核意见。

(四)预算编制中的第三方审核

对于建设工程、大型修缮、信息化项目和大宗物资采购等专业性较强的重大事项，可以在预算编审阶段采取立项评审的方式，对预算事项的目的、效果和金额等方面进行综合立项评审。委托外聘专家和机构等第三方进行外部评审更有利于保证预算的合理性。

四、预算执行控制

预算执行是按预算确定的规则、程序和内容实际开展业务活动、完成财务收支的基本过程。在预算执行环节中应保持单位财务核算和业务活动发生的一致性，建立财务核算工作对预算批复和执行工作的信息反馈与验证机制。

(一)加强对预算执行的管理

根据批复的预算安排各项收支，明确预算执行审批权限和要求，落实预算执行责任制，确保预算严格有效执行。

(二)加强对预算收入和支出的管理

及时组织预算资金收入，严格控制预算资金支出，不得截留或者挪用应当上缴的预算收入，不得擅自改变预算支出的用途。严格控制超预算支付，调节预算资金收付平衡，防范支付风险。

(三) 严格资金支付业务的审批控制

及时制止不符合预算目标的经济行为，确保各项业务和活动都在授权的范围内运行。单位应当就涉及资金支付的预算内事项、超预算事项、预算外事项建立规范的授权批准制度和程序，避免越权审批、违规审批、重复审批现象的发生。对于预算内非常规或金额重大事项，应经过较高的授权批准层审批；对于预算执行申请额度超过本部门可执行预算指标的情况，应先按预算追加调整程序办理可执行预算指标的申请，执行申请经业务负责人审批后，才能交归口部门审核。

(四) 建立预算执行实时监控制度

及时发现和纠正预算执行中的偏差。建立预算执行分析机制，定期通报各部门预算执行情况，召开预算执行分析会议，研究解决预算执行中存在的问题，提出改进措施，提高预算执行的有效性。

第二节　事业单位收入与支出控制

一、事业单位收入控制

(一) 收入业务控制的目标、风险及控制

1. 收入业务控制的目标

收入业务控制是事业单位加强财务管理，促进单位整体事业目标实现的基础业务，其目标通常包括：①各项收入符合国家法律法规的规定；②各项收入核算准确及时，相关财务信息真实完整；③单位应收款项管理责任明晰，催还机制有效，确保应收尽收；④各项收入均应及时足额收缴，并按规定上缴到指定账户，没有账外账和私设"小金库"的情况；⑤票据、印章等保管合理合规，没有因保管不善或滥用而产生错误或舞弊。

2. 收入业务的主要风险

收入业务中可能存在的风险包括：①收入业务岗位设置不合理，岗位

职责不清，不相容岗位未实现相互分离，导致错误或舞弊的风险；②各项收入未按照收费许可规定的项目和标准收取，导致收费不规范或乱收费现象发生；③违反"收支两条线"管理规定，截留、挪用、私分应缴财政的资金，导致私设"小金库"和资金体外循环；④未由财会部门统一办理收入业务，缺乏统一管理和监控，导致收入金额不实，应收未收，单位利益受损；⑤票据、印章管理松散，没有建立完善的制度，存在收入资金流失的风险。

3.收入业务风险的控制

为应对风险，事业单位收入业务通常设置以下方面的控制：

(1)收入业务岗位控制——对收入业务岗位职责、权限范围、工作要求等内容进行控制，避免收入审批与管理中违法行为的发生。

(2)收入业务授权审批控制——对收入项目、来源依据等内容进行控制，按特定的渠道进行分工管理，避免单位不合法、不合理的收入项目出现。

(3)收入票据控制——对票据的入库、发放、使用、销号、结存等环节进行控制，避免违规使用票据的情况发生。

(4)收入执行控制——对收入经费的征收、管理、账务处理等环节进行控制，严防单位收入流失。

(二)收入业务岗位控制

事业单位的各项收入应当由财会部门归口管理，统一进行会计核算，及时、完整地记录、反映单位的收入业务。收入应当全部纳入单位预算，严禁设置账外账和"小金库"。业务部门应当在涉及收入的合同协议签订后及时将合同等有关材料提交财会部门作为账务处理依据，确保各项收入应收尽收，及时入账。

事业单位应当合理设置岗位，明确相关岗位的职责权限。收入业务的不相容岗位至少包括收入预算的编制和批准、票据的使用和保管、收入的征收与减免审批、收款与会计核算等。事业单位应通过明确划分职责权限设置岗位，加强岗位之间的相互制约和监督，以达到事前防范、事中控制，防止差错和舞弊，预防腐败的目的。

(三) 收入业务授权控制

事业单位收入业务授权审批控制是针对财政补助收入、事业收入、上级补助收入、附属单位上缴收入、经营收入和其他收入等实施的控制措施。

有政府非税收入收缴职能的事业单位，应当按照规定项目和标准征收政府非税收入。非税收入是单位依法使用政府权力、政府信誉、国家资源、国有资产或提供特殊公共服务、准公共服务取得的并用于满足社会公共需要或准公共需要的财政资金。非税收入包括行政事业性收费、政府性基金、国有资源有偿使用收入、国有资产有偿使用收入、国有资本经营收益、彩票公益金、罚没收入、专项收入等。

事业单位针对行政事业性收费、政府性基金、国有资产、资源收益、罚没(罚金)收入、代结算收入等的授权审批流程是不同的。

对行政事业性收费，执收人员向缴费义务人开具非税收入管理局统一监制的收费通知或决定；对经常性收费(含政府性基金、国有资产、资源收益等)，执收人员向缴费义务人开具非税收入管理局统一监制的收费通知或决定；对罚没(罚金)收入，执收人员对违法人员送达行政处罚决定书；对代结算收入(暂扣款、预收款、保证金、诉讼费等)，执收人员向缴费义务人开具收费通知。

收费人员对收费项目和收费标准进行审核并开具非税收入缴款书；缴款义务人将款项缴入非税收入汇缴结算户；缴款义务人如对收费通知、决定有异议，可以依法申请行政复议或行政诉讼，但复议或诉讼期间，不停止执行。

(四) 收入核算控制

事业单位的各项收入应当由财会部门归口管理并进行会计核算，严禁设立账外账。业务部门应当在涉及收入的合同协议签订后及时将合同等有关材料提交财会部门作为账务处理依据，确保各项收入应收尽收，及时入账。财会部门应当定期检查收入金额是否与合同约定相符；对应收未收的项目应当查明情况，明确责任主体，落实催收责任。

事业单位取得的按照"收支两条线"管理要求，应纳入预算管理或应缴入财政专户的预算外资金，不能直接计入事业收入，应根据上缴方式的不

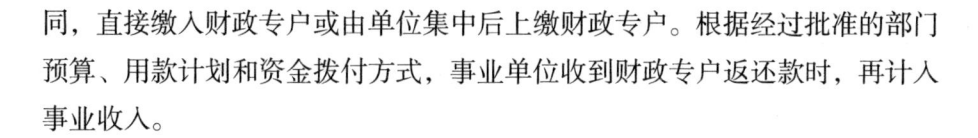

同，直接缴入财政专户或由单位集中后上缴财政专户。根据经过批准的部门预算、用款计划和资金拨付方式，事业单位收到财政专户返还款时，再计入事业收入。

(五) 收入业务票据控制

事业单位应当建立健全票据管理制度。财政票据、发票等各类票据的申领、启用、核销、销毁均应履行规定手续。事业单位对收入业务票据的控制流程如下：

1. 票据申领

事业单位应按照规定的手续进行财政票据、发票等各类票据的申领，征收非税收入的票据应当由出纳人员从非税收入管理部门统一领购。

2. 票据启用

事业单位应当按照规定建立票据台账并设置专门管理票据的人员，做好票据的保管和序时登记工作。票据应按照顺序号使用，不得拆本使用，作废票据也要做好管理。负责保管票据的人员要配置单独的保险柜等保管设备。

在非税收入票据启用前，单位应先检查票据有无缺联、缺号、重号等情况，一经发现应及时向非税收入管理部门报告；单位按上级有关规定从上级主管部门领取的专用票据，需经同级非税收入管理部门登记备案后方能使用。

3. 票据保管与使用

事业单位应建立票据台账，全面、如实登记、反映所有票据的入库、发放、使用、销号、结存情况。票据台账所反映的票据结存数必须与库存票据的实际票种及数量一致；对票据进行定期盘点，盘点时应有出纳人员以外的人员参加，确保未使用票据的安全。

事业单位应严格执行票据管理的相关规定，不得违反规定转让、出借、代开、买卖财政票据、发票等票据，不得擅自扩大票据适用范围。设立辅助账簿对票据的转交进行登记；对收取的重要票据，应留有复印件并妥善保管；不得跳号开具票据，不得随意开具印章齐全的空白支票。

4. 票据核销与销毁

事业单位应按规定程序对财政票据、发票等各类票据进行核销与销毁。

因填写、开具失误或其他原因导致作废的票据，应予以保存，不得随意处置或销毁。对超过法定保管期限、可以销毁的票据，在履行审批手续后进行销毁，但应当建立销毁清册并由授权人员监销。

执收人员开具非税收入票据时，应做到内容完整，字迹工整，印章齐全。非税收入票据因填写错误而作废的，应加盖作废戳记或注明"作废"字样，并完整保存其各联，不得私自销毁。对于丢失的非税收入票据，应及时登报声明作废，查明原因，并在规定时间内向非税收入管理局提交书面报告；作废的非税收入票据和保管五年以上的票据存根的销毁，应经单位负责人同意后，向非税收入管理部门提出销毁申请，非税收入管理部门审核同意后销毁。

事业单位收入业务票据控制的关键点如下：

（1）出纳人员从非税收入管理部门领取票据、单位按有关规定从上级主管部门领取专用票据，需经同级非税收入管理部门登记备案后方能使用。

（2）执收人员开具非税收入票据时，应做到内容完整，字迹工整，印章齐全。

（3）因填写错误而作废的非税收入票据，应加盖作废戳记或注明"作废"字样，并完整保存其各联，不得私自销毁。

（4）销毁前需认证清理销毁的票据，确保票据开出金额与财务入账金额完全一致。

（5）票据销毁申请需经单位负责人同意后，方能向非税收入管理部门提交。

（6）销毁监督小组由三至五名来自财务部门、审计部门的工作人员组成。

销毁情况应以小组名义出具，经财务部门负责人和单位负责人签字后，报送非税收入管理部门备案。

二、事业单位支出控制

（一）支出业务控制的目标和内容

1. 支出业务控制的目标

支出业务控制是事业单位内部控制的重要内容，支出业务控制的目标

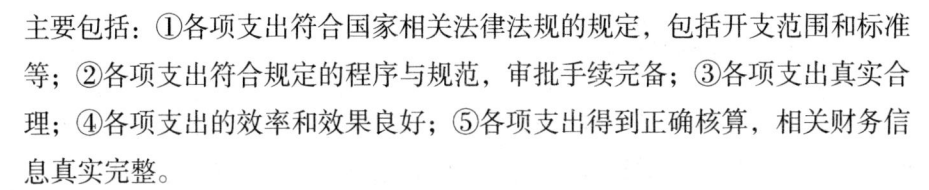

主要包括：①各项支出符合国家相关法律法规的规定，包括开支范围和标准等；②各项支出符合规定的程序与规范，审批手续完备；③各项支出真实合理；④各项支出的效率和效果良好；⑤各项支出得到正确核算，相关财务信息真实完整。

2. 支出业务控制的内容

"强化事业单位支出管理与控制，对提升经费使用效率和提升服务质量有重要作用。"[①] 单位应当建立健全支出内部管理制度，制定各类支出业务管理细则，确定单位经济活动的各项支出范围和标准，明确支出报销流程，按照规定办理支出事项。事业单位支出业务控制的主要内容有以下方面：

（1）支出业务岗位控制。合理设置岗位，确保不相容岗位分离。

（2）支出审批控制。明确相关部门和岗位的职责权限，确保办理支出业务的不相容岗位相互分离、制约和监督。

（3）支出审核控制。全面审核各类单据，重点审核单据来源是否合法，内容是否真实、完整，使用是否正确，是否符合预算，审批手续是否齐全。

（4）支付控制。明确报销业务流程，按照规定办理资金支付手续。签发的支付凭证应当进行登记。使用公务卡结算的，应当按照公务卡使用和管理的有关规定办理业务。

（5）支出核算和归档控制。由财会部门根据支出凭证及时、准确登记账簿；与支出业务相关的合同等材料应当提交财会部门作为账务处理的依据。

（二）支出业务岗位控制

单位应当按照支出业务类型，明确内部审批、审核、支付、核算和归档等支出各关键岗位的职责权限。实行国库集中支付的，应当严格按照财政国库管理制度的有关规定执行，确保支出申请和内部审批、付款审批和付款执行、业务经办和会计核算等不相容岗位相互分离。支出业务不相容岗位还应延伸考虑：①人员管理与人员支出管理；②人员费用的审批与发放；③支出预算的执行与监督；④支出内部定额的制定与执行；⑤支出的审核、批准与办理。

---

① 董丽萍. 事业单位支出管理与控制策略研究 [J]. 中国管理信息化，2015，18(14)：39.

(三) 支出业务审批控制

事业单位在确定授权批准的层次时,应当充分考虑支出业务的性质、重要性、金额大小。预算内的一般支出可以由部门负责人或分管领导审批,但预算内的重大开支则需要单位负责人审批才能报销;预算外的重大支出需要经事业单位管理层集体决策,并且要对预算外支出严格控制。事业单位管理层如果只有审批权力,但不负担审批责任,就会形成违规审批、越权审批、争相审批、审批过多过滥等风险。

事业单位应当按照支出业务的类型,明确内部审批、审核、支付、核算和归档等支出各关键岗位的职责权限,明确支出业务的内部审批权限、程序、责任和相关控制措施。审批人应当在授权范围内审批,不得越权审批。事业单位主管领导负责单位支出相关管理制度和文件的审批,参与内部定额修改方案的集体审批,负责审阅向上级单位或财政部门提供的分析报告。实行国库集中支付的,应当严格按照财政国库管理制度的有关规定执行。

(四) 支出业务审核控制

部分事业单位在实际业务中存在部门负责人随意审核开支的现象,对报销的经办人员缺少应有的监管,造成经办人员在报销单据中虚报支出;分管财务负责人在审核过程中见到领导签字就直接批复,不审核所报销资金的真实性、合法性。事业单位支出审核不严谨,缺乏有效的监控体系,财务人员对审核标准的理解不准确、新文件新规定下达不及时等因素,往往造成支出审核风险。

单位财会部门应当加强支出审核控制,全面审核各类支出单据。支出凭证应当附反映支出明细内容的原始单据,并由经办人员签字或盖章,超出规定标准的支出事项应由经办人员说明原因并附审批依据,确保与经济业务事项相符。支出单据的审核原则如下:

1. 审核原始发票内容的真实性

对原始发票内容真实性的审核主要包括:①原始发票内容是否真实,如验证票据所写的单位名称是不是本单位的名称;②验证票据有没有少购多开、无购虚开的现象;③检查发票的格式是否符合国家的规定;④验证发票上的署名是否真实；⑤审查原始发票本身是否真实，有无弄虚作假现象。

2. 审核原始发票要素的完整性

对原始发票要素完整性的审核主要包括：①发票的名称与加盖的印章是否一致；②发生的经济内容是否真实可靠；③发票的金额；④发票的日期与发生经济业务的日期是否一致；⑤发票的编号，验证所要报销的票据编号与近期报销票据的编号是否相近，以防空白发票作假报销。

3. 审核原始发票支出范围的合法性

对原始发票支出合法性的审核主要包括：①是否符合财务标准的相关规定；②取得的原始发票与所发生的经济业务之间的因果关系，如果因私而取得的原始发票，尽管所反映的经济业务真实，也不能作为结算报销的依据；③是否违反财经纪律。对擅自提高开支标准，扩大开支范围，用公款请客送礼及侵占国家、集体利益的原始发票应一律拒之门外。

(五) 支付控制

单位所有的付款业务都必须履行规定的程序，即支付申请—支付审批—支付审核—办理支付。出纳人员只有在收到经过领导审批、会计审核无误的原始凭证后才能按规定的金额办理付款手续。

1. 事业单位支出报销业务控制

事业单位应明确报销业务流程，按照规定办理资金支付手续，登记签发支付凭证。一般来说，事业单位与支出报销业务流程相关的人员包括有报销业务的各业务部门经办人员、各业务部门负责人、分管各业务部门的事业单位领导、分管财务负责人、主办会计、记账会计、出纳会计。

事业单位支出报销业务的控制包括四个关键环节：①各部门经办人员先填制报销单交由该部门负责人审批，如果金额超过一定额度需报分管领导审批；②主办会计审核报销单据的真实性、合法性；③分管财务负责人审核其资金使用是否合理，审批环节、审批手续是否完备；④将报销单据交出纳处，出纳给付现金或开具支票付款，登记现金或银行日记账后交给记账会计记账。

2. 事业单位支出公务卡结算控制

公务卡是预算单位工作人员持有的，主要用于日常公务支出和财务报销业务的信用卡。它既具有一般银行卡的授信消费等共同属性，又具有财政财务管理的独特属性。公务卡报销不改变预算单位现行的报销审批程序和手续，有利于及时办理公务消费支出的财务报销手续。

公务卡的适用范围包括使用现金结算日常公务支出中零星商品服务和两万元以下的采购支出，具体内容包括：水费、电费、办公费、差旅费、交通费、招待费、印刷费、电话费等。事业单位使用公务卡结算的具体控制措施如下：

（1）报销人员填报支出报销审批单，凭发票、POS机消费凭条等单据，按财务报销程序审批。

（2）出纳人员凭核准的支出报销审批单及报销单据，通过POS机将报销资金划转到个人卡上。

（3）报销人员当场确认后，在POS机打印的凭条上签字，财务人员根据经签字确认的凭条、支出报销审批单登记入账。

（4）持卡人使用公务卡结算的各项公务支出，必须在规定的免息还款期内（银行记账日至发卡行规定的到期还款日之间的期限），到本单位财务部门报销。

（5）因个人报销不及时造成的罚息、滞纳金等相关费用，由持卡人承担。

（6）如个别商业服务网点无法使用银行卡结算系统，报销人先行以现金垫付后，可凭发票等单据到单位财务部门办理报销审批手续。

（7）因持卡人所在单位报销不及时造成的罚息、滞纳金等相关费用，以及由此带来的对个人资信的影响等责任，由单位承担。

（六）支出业务会计核算控制

事业单位的支出报账程序是"先审批再审核"，会计人员无法参与到单位重要业务的事前决策，审核也只是针对票据的规范性，这样就弱化了财务人员的事前监督。在确认和计量经济业务时，主要是针对原始凭据，缺乏与其存在钩稽关系的类比凭证，从而造成支出业务的真实性、计价的准确性无法核对，这就为虚列支出、转出资金提供了机会。

事业单位加强支出业务的会计核算，应由财会部门根据支出凭证及时准确登记账簿；与支出业务相关的合同等材料应当提交财会部门作为账务处理的依据。财会部门负责人应关注和监督支出预算的执行，组织结余资金的管理，组织做好单位支出的财务分析与评价，提高资金的使用效益。

事业单位支出包括事业支出、对附属单位补助支出、上缴上级支出、经营支出和其他支出等。为了核算事业单位的事业支出，应设置"事业支出"科目。因事业支出的项目较多，为便于分类核算与管理，事业单位应根据实际情况设置明细科目，如基本工资、补助工资、其他工资、职工福利费、社会保障费、"三公"经费、设备购置费、修缮费等费用。人事部门负责人应严格按照主管部门下达的人员编制标准配备在职人员；组织做好在职人员的调进、调出、退休等变动以及临时工使用工作；对长期不在岗人员及时做出相应处理，并如实调整人员经费支出。

第三节 事业单位固定资产管理体系

一、事业单位固定资产管理体系的建立

(一) 事业单位固定资产管理体系建立的依据

"进一步改革和完善行政事业单位国有资产管理体制，对固定资产的管理坚持分级管理、责任到人、物尽其用的原则，加强行政事业单位资产管理成为效率财政、合理财政的重点问题。"[1] 事业单位固定资产管理体系建立是通过分析和修改国际标准组织指定的一系列管理体系，结合我国事业单位固定资产管理的特点，结合内部控制理论建立的。

国际标准组织制定的一系列管理体系，在世界范围内促进了标准化工作及其他相关工作的发展，促进了国际贸易的交流和服务。通过分析这些管理体系的理念和思路、工具和方法、核心标准和特点，对内容和框架进行适当修改，运用到事业单位固定资产管理中，对构建事业单位固定资产管理体系的全面性、具体性能够起到很好的实例指导作用。通过对三大管理体系的分析看出，三大管理体系都强调以质量管理体系的八项原则为建立基础，均

---

[1] 俞香云. 完善事业单位固定资产管理体系问题的探讨 [J]. 农村经济与科技，2012，23 (05)：99.

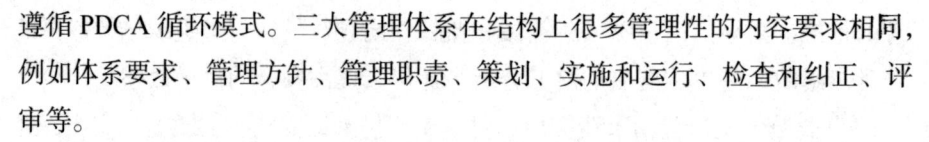

遵循 PDCA 循环模式。三大管理体系在结构上很多管理性的内容要求相同，例如体系要求、管理方针、管理职责、策划、实施和运行、检查和纠正、评审等。

内部控制框架是一个较为理想的框架，虽然很多单位的内部控制均与之有一定差距，但多数单位应用内部控制的理念来梳理单位业务流程，提升单位管理水平。在构建事业单位固定资产管理体系时，应当从单位层面和业务层面具体落实，同时涵盖组织构架、工作机制、关键岗位、关键人员、会计系统和信息系统。

(二) 事业单位固定资产管理体系建立的原则

事业单位固定资产管理应当遵循内部控制的全面性、重要性、制衡性、适应性的原则，涵盖事业单位固定资产管理的所有层面，相互独立、相互协调、相互监督，成为统一的体系。同时，体系的建立应参照管理体系标准，实现全员、全过程、全面的管理，遵循 PDCA 循环模式，以质量管理体系的八大原则为基础，涵盖体系中相似的管理性内容。

(三) 事业单位固定资产管理体系建立的目标

事业单位固定资产管理体系建立的目标包括：①保证固定资产管理过程合法合规；②提高固定资产使用效率；③确保固定资产数据真实、可靠；④提高固定资产管理运行的效力和效率。

(四) 事业单位固定资产管理体系建立的要求

1. 满足内部控制要求

(1) 控制环境。控制环境要素主要分为部门设置、制度建设、审计监督、绩效评价、单位环境等方面，是事业单位固定资产管理体系构建的基础。

(2) 风险评估。风险评估要素是对固定资产管理的全员、全过程、全面系统地进行风险预测和识别。

(3) 控制活动。控制活动要素是对固定资产从申请阶段，到购置、使用、维护、处置等全寿命周期内的活动进行控制，是固定资产管理体系构建的关键步骤。

(4）信息沟通。信息沟通从软件和硬件两方面考虑，软件是指传统的部门间沟通，硬件是指信息化系统管理。固定资产信息化系统管理实现了固定资产数据的准确性，方便了各部门工作人员对固定资产情况的查询、汇总和上报工作。

(5）审计监督。审计监督是固定资产管理体系中重要的要素，对固定资产控制活动进行全过程监督，保证整个管理过程的合法合规。

2. 满足 PDCA 循环模式

基于内部控制的事业单位固定资产管理体系的设计，同时满足 PDCA 循环模式。P——策划：制定组织结构和职责、固定资产管理目标、制定规章制度、风险预测识别等；D——实施：固定资产实施和运行；C——检查：绩效评价；A——改进：管理评审，修改规章制度。

二、事业单位固定资产管理体系的内容

(一) 固定资产管理制度

1. 建立健全固定资产管理制度

制度体系的构建是事业单位固定资产管理的基础。事业单位应当根据不同的类别，对固定资产实行管理，建立健全固定资产内部管理制度。根据财政部门、主管部门的规定，结合本单位的实际情况，按照固定资产的特点、管理中的关键环节和风险点，梳理管理制度中存在的漏洞，完善预算制度、配置制度、使用制度、处置制度、收益制度、清查制度、审计制度、监管制度，明确各单位固定资产管理的内外环境，明确使用方和管理方的需求和期望，确定固定资产管理的范围及过程，明确岗位的职责和权限等。

2. 合理设置岗位，加强不相容岗位分离

事业单位应根据本单位的相关规定、单位实际情况，结合内控规范的要求，通过固定资产全寿命过程的流程梳理，对岗位进行调整，实现不相容岗位相互分离的要求。即固定资产的配置岗位、使用岗位和处置岗位不可为同一岗位，固定资产控制活动的决策岗位、执行岗位和审计监督岗位不可为同一岗位。

(二)固定资产管理过程控制

事业单位固定资产管理一般包括配置和取得、使用和维护、处置三个阶段,事业单位要切实把好三大关口,以科学、合理地支撑事业单位履行职能为目标,对固定资产管理各个阶段存在的问题进行调研评估,重新梳理、设计固定资产管理流程,建立健全固定资产各阶段管理制度,优化管理流程,对于整个固定资产管理体系的建立非常重要。该管理流程图将分散的固定资产管理阶段连在一起,方便各管理部门更加直观地了解在固定资产管理活动中各个阶段的管理内容,以及各阶段审核的重点。

1. 加强固定资产配置和取得阶段的控制

固定资产配置和取得是事业单位固定资产形成的起点,事业单位要切实把好固定资产的"入口关",合理编制预算。

(1)确保固定资产配置合法合规。根据《事业单位国有资产管理暂行办法》的相关规定,依据法律法规,按照国有资产配置的原则或者条件进行资源配置,经过相应的报批手续,做到资产配置合法合规。同时结合固定资产的金额,特别是重大投资项目,组织相关专家或机构进行技术咨询、专家论证,保证配置科学合理,维护单位利益。

(2)做好资产配置的审核工作。由于事业单位固定资产管理的取得和使用的无偿性,资产使用部门、资产管理部门、财务部门等往往忽视了资产配置的审核工作。因为事业单位的经费采取预算制,很多时候为了避免使用时无经费的现象,在每次预算申报时会做出余量,而在经费执行中,为了保证执行进度、执行率而盲目采购。因此资产配置的审核工作相当重要。事业单位应将汇总的采购申请与现有资产进行比对分析,使用部门也要严格遵守资产配置条件,必要时增加可行性分析以及固定资产使用率的考核。

2. 加强固定资产采购及验收阶段的控制

(1)加强采购的管理。固定资产采购是固定资产管理过程中最大的风险点,也是审计、纪检部门监督的重点。资产采购部门应该严格按照《中华人民共和国政府采购法》《中华人民共和国政府采购法实施条例》等相关法律法规及本单位管理办法,严格采购程序,同时增加审计监督流程,确保采购过程合法合规。

（2）加强固定资产验收的控制。事业单位要按照国家相关政策法规和采购合同组织对固定资产的验收工作，保证采购的固定资产能够满足使用方的要求。对于参与验收的人员，在签订采购合同中应根据相关规定明确验收人员和程序，对于有特殊技术要求、大件的或者特殊的固定资产，可邀请行业内相关专业的专家参与验收。验收合格后保管员应按规定填写入库单，经资产管理部门负责人审核签字后到计划财务处办理报账手续。

3. 加强固定资产使用和维护阶段的控制

固定资产取得和验收后，单位加强固定资产的日常管理控制，建立固定资产内部领用、保管、维修等方面的控制。

（1）建立固定资产卡片和台账。为实现固定资产的规范化、信息化管理及顺利完成年度资产配置计划和资产决算编报工作，对固定资产进行规范化分类，并进行统一编码、统一管理非常重要。从固定资产取得开始，一个固定资产实行一卡制管理。卡片内容要翔实，包括资产编号、资产名称、规格型号、生产厂家、生产时间、使用部门、领用人、经费来源等信息，同时登记资产维修、保养、变更、调剂等内容。卡片一式三份，由使用部门、管理部门、财务部门分别保管。

将固定资产卡片上的内容及时录入管理系统，根据事业单位的实际情况，由使用部门填写后，固定资产管理部门进行审核。统一编码对实现信息化管理非常重要。随着固定资产数量的不断增加，种类繁杂，用途多样，前沿设备更新快，老旧设备淘汰缓慢，导致固定资产的编码越来越不规范。事业单位应根据本单位的实际情况，对固定资产编码进行调整、汇总，最大限度地实现编码的统一，为固定资产管理、清查、登记和统计等工作提供依据。

（2）加强固定资产清查。使用部门、固定资产管理部门、财务部门和审计部门应按照制度的要求，在一定时间对固定资产、卡片信息、财务账和实物账进行清查，对于清查中出现的问题及时解决，及时调整。

4. 加强固定资产处置阶段的控制

（1）明确固定资产处置制度。事业单位应严格根据规章制度进行固定资产的处置工作，维护国家财产。清点拟报废的固定资产，填写资产报废申请单，组织专家组进行鉴定评估；同时重视对固定资产处置的申报，禁止先处置后申报的情况。

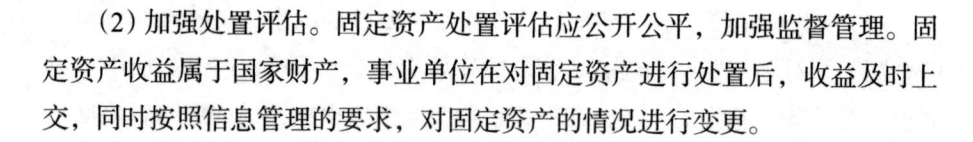

(2)加强处置评估。固定资产处置评估应公开公平,加强监督管理。固定资产收益属于国家财产,事业单位在对固定资产进行处置后,收益及时上交,同时按照信息管理的要求,对固定资产的情况进行变更。

(三)固定资产信息管理系统

真正实现信息化管理,实现全生命周期管理,标志着固定资产管理水平的提高。固定资产管理系统的建立,应该根据国家和地方的法律法规,结合事业单位各自的具体情况,将管理制度、业务流程融入其中,所有管理人员、使用人员、监督人员等根据特定的权限进行录入和查看。

1. 原信息系统的应用

我国事业单位目前使用的固定资产管理系统可以完成资产配置、资产内部使用、资产处置、资产评估、收益管理、资产外部使用功能,也就是能够实现基本功能。各事业单位应利用现有的管理系统,对工作流程进行梳理,将信息填写翔实。

2. 个性化模块开发

个性化模块的开发,首先要明确固定资产管理过程中,有哪些问题没办法在系统中反映出来,哪些程序没办法在系统中解决。个性化模块的建设必须符合规范要求。

(1)系统权限问题。固定资产信息管理系统应根据事业单位自身的实际情况,根据业务流程梳理工作人员、工作内容、工作权限,进行系统设置。所有管理人员、使用人员、监督人员根据特定的权限进行录入和查看,既实现了网上办公、节省繁杂的程序,又能够有效监督管理,实现透明化办公。

(2)数据库数据的准确。为实现固定资产规范化、信息化管理及顺利完成年度资产配置计划和资产决算编报工作,在填写固定资产管理系统时要统一编码、统一标准。根据实施的《固定资产分类与代码》采用四层七位数字代码表示,对六类固定资产进行了分类,有很多未明细的内容,用"99"作为收容项,主要用于该项尚未列出的固定资产。随着固定资产的不断更新,很多新型设备不能在明细中找到,都用了"99"这个收容项进行分类。各事业单位应根据自身情况进行细分,并在信息管理系统中体现,对固定资产管理、清查、登记和统计等工作提供准确的分类依据。

(四) 固定资产管理绩效评价

在经济新常态与全面深化改革背景下,"提质增效"理念迅速扩展到社会经济发展的各个方面。"提质增效"反映在财政管理方面,与绩效理念不谋而合。事业单位对固定资产管理的绩效评价不能孤立地开展,应科学设立评级指标体系,与管理机构、人员设置、财务管理、资产管理事项、资产使用效果、信息系统建设和应用等有机结合,并将考核评价结果作为固定资产配置的重要依据。

事业单位固定资产管理绩效评价应通过将"绩效理念"渗入固定资产管理的各个关键环节和有效的绩效评价手段的运用,提高资产使用和管理效率。应根据我国事业单位固定资产管理的特点和事业单位自身的实际情况,从国内外管理绩效评价方法和手段、管理思路等内容中提取有益信息,通过分析、改良,运用到事业单位固定资产管理绩效评价中。

三、事业单位固定资产管理体系运行保障条件

建立健全事业单位固定资产管理体系,并保证体系内的各要素有效地实施,是提高事业单位固定资产管理水平的必然条件。在固定资产管理制度、管理过程控制、信息管理系统、绩效评价系统的高效运行的基础上,还应根据管理体系构架,对人的因素、管理过程的控制、信息沟通和内外监管系统进行规范,才能有效地保障体系的运行。

(一) 正确的管理体系意识

事业单位固定资产管理人员和使用人员要明确认识到,固定资产管理体系的运行能够让本单位固定资产管理工作在制度和程序上保证合法合规,能够及时应对管理过程中的风险,让管理人员和使用人员都满意,提高管理水平,提高固定资产使用效率。

1. 领导高度重视

单位领导的重视是固定资产管理体系建立和推进的基础,是保证资源的源头。事业单位在对本单位固定资产管理制度、管理过程、信息管理系统和管理绩效评价等各方面进行梳理、分析后,单位领导要给予一定的支持和

配合，根据要求重新整理管理队伍和人员，重新制定管理制度，明确管理职责，严格按规章、按流程办事。领导配合才可以保证体系工作的顺利推进。

2.工作人员强化内部控制意识

事业单位固定资产管理工作人员要根据本单位固定资产管理体系的内容，熟悉和知晓各自的工作职责，强化内部控制意识，明确内部控制意义和方法，将内部控制融入每一个工作流程、工作内容上，落实到权利、责任、利益等方面。在固定资产管理工作人员的每一项工作中，从内部控制的角度不断发现问题，寻找解决方案，只有不断地完善、改进才能保证体系有效地运行，形成长效机制。

（二）规范的管理活动

规范的固定资产管理活动是事业单位固定资产管理体系高效运行的必需条件。固定资产管理相关人员要根据规章制度明确管理职责，权责分明，各部门之间明确分工，互相配合，做到办事有法可依、有章可循。

1.管理人员严格管理程序

固定资产管理人员要明确工作职责，在管理过程中严格按照国家法律法规及本单位管理办法实施管理工作，定期进行学习和接受培训，根据单位情况完善、修订本单位固定资产管理办法。固定资产管理人员在办理业务时，要统一标准、统一口径，同时要不断根据需要对信息系统进行升级改造。

2.使用人员规范使用

使用人员的业务水平和自身素质是固定资产使用效率最直接的因素之一。特别是大型仪器设备，固定资产使用人员要进行岗前培训，并定期进行规范使用的培训，做好使用规范要求手册和流程卡片粘贴在设备上，不断熟悉操作流程，以提高使用效率。大型仪器设备还可根据实际情况增加专门负责人，将责任明确。

（三）信息交流与沟通

事业单位固定资产管理体系的运行离不开良好的信息交流与沟通，固定资产管理相关部门和人员，只有相互独立，又相互协作、相互沟通才能保证体系的高效运行。

目前，事业单位固定资产管理的沟通方式主要为常规交流模式，只有很少数单位能够实现固定资产办公自动化平台管理。常规的交流模式建立在明确的工作内容和工作职能、良好的部门间合作、完善的管理体系的基础上。信息管理系统如能实现办公自动化平台管理模式，各管理部门能够更加直观地了解固定资产从申请、采购、取得、维护、保养、报废等全寿命周期内的活动，给审核、审批工作带来方便，更方便接受纪检、审计及各方的监督。同时，良好的信息交流与沟通平台，能够实现资源共享，防止固定资产闲置、浪费，保证固定资产高效使用，维护国家利益。

(四) 健全的内外监督

健全的内外监督是事业单位固定资产管理体系有效运行的必要保障。一直以来，固定资产管理都是一个高风险的工作，是内部控制管理和审计监察的重点工作之一。

1. 加强全面监督体系

全面监督要形成系统体系，融入每个环节、每个工作内容、每个工作人员、每个岗位等与固定资产管理相关的工作和内容上，加大监管力度。同时，固定资产监管不应只是审计、纪检部门的工作内容，应在每次重要管理过程中，包括申请、采购、报废等，所有参与人员都负有监督责任，并应签字确认。

2. 建立评价机制

固定资产管理评价机制不仅是对与固定资产相关的部门之间的考核，也可以通过评价内容的设置，发现固定资产管理过程中存在的问题，寻求解决方案，为下一步工作奠定基础。固定资产评价机制通过一定的数据设置，可以反映出固定资产使用情况以及利用率等，为事业单位自身摸清家底提供条件。

第四节 事业单位内部控制的优化

一、强化内部控制意识

第一，事业单位应该充分意识到内部控制工作的价值与作用，加强对内部资金用度、会计审计的管理力度，严厉杜绝虚报财务数据、更改报销凭证等行为的发生，确保事业单位的每一笔资金都用到实处，有效提升社会公共服务水平。

第二，事业单位要将内部控制工作放在首要地位，管理层要在内部控制工作中发挥良好的引导作用，督促相关人员根据规则要求切实做好内部控制工作，对收支情况、凭证报销、固定资产统计等展开全面细致的监督管理。

第三，事业单位要加强内部人员的内部控制培训工作，使得员工充分意识到内部控制是全体员工共同的责任，充分调动员工参与内部控制的积极性，强化员工的内部控制意识，主动履行自身在内部控制中的责任和义务。

第四，事业单位要加强内部管理和内部控制之间的联系，将内部控制工作提升到战略层次，拟定事前规划、事中管理、事后总结的内部控制机制，强化内部控制的职能作用。

二、优化财务管理体系

第一，事业单位应该细化财务预算项目，参考各个部门的工作需求，以往年的预算执行情况为基础，对下一年的收支预算展开科学合理的测算分析，合理规划资金用度情况。事业单位需要将预算编制进行精细化处理，保证每一笔资金支出都能细化到具体的项目当中，避免出现预算资金使用无度的问题。

第二，事业单位应该加强费用报销的管理与控制，严格遵守标准规定开展费用报销工作，拒绝随意报销、实报实销的问题。事业单位对于每一笔报销费用，都需要录入到统一账户当中，确保财务报销明细都有账可查，推动费用报销的规范化运作。

第三，事业单位应该建立固定资产审计小组，并对小组及成员的责任义务做出明确的说明。该小组需要对单位内部固定资产的使用状况、性能进行全面合理的检测分析，拟定详细的报告清单，制定并实施定期固定资产审查制度，提升固定资产的动态化管理水平。

三、健全内部控制制度

第一，事业单位需要不断完善授权审批制度，提升财务管理、会计审计等工作的独立性，秉承公正、公平的原则开展财务经营活动，管理层不得过多干涉财务管理工作，确保事业单位的财务工作在阳光下进行，从而提升社会民众的信任感。

第二，事业单位需要建立健全风险防范体系，促进风险防范机制与财务管理体系的有机融合，提升事业单位的财务管理水平，不仅可以为内部控制工作的顺利开展奠定良好的基础，还可以有效降低事业单位的财务风险危机。

第三，事业单位应该对各个部门、各个员工在内部控制中的职能任务做出明确的说明，并督促各个部门、各个员工履行好自身的责任和义务，形成从上而下、科学完善的内部控制工作体系。事业单位要面向社会招聘专业的内部控制人员，避免出现身兼多职的现象发生，使得相关人员拥有充沛的精力和时间处理内部控制问题，进一步强化内部控制工作的职能效用。

四、改善监督评价机制

第一，事业单位应该根据自身状况，制定合理全面的监督管理体系，确保每一项内部控制工作都合乎规范，并对内部控制工作的结果做出公平合理的评价，及时发现内部控制工作中的缺陷与不足，制定并落实针对性的改善措施，从而促进事业单位内部控制工作的优化与完善。

第二，事业单位需要对单位内部的财务管理、会计审计工作实施全方位、全过程的监督管理，严厉打击财务造假、粉饰会计审计、骗取报销费用的行为，对于内部控制工作成效突出的部门和员工给予适当的表扬和奖励，对于内部控制成效一般的部门和员工应给予严厉的批评，形成良好的竞争机制，从而强化内部控制的职能效用。

第三，事业单位要加强内部控制工作的外部监督，从立法、执行、审计等多个角度出发，定期对单位内部的财务活动进行全方位检查，及时将检查结果公布出来，接受社会的监督与批评，从而形成良好的循环改进机制。

结束语

在经济全球化背景下，面对日益激烈的市场竞争，越来越多的事业单位将内部控制运用到财务管理工作中，以促进财务管理工作的优化与提升，增强单位自身的综合竞争力，提高单位的经济效益。搭建完善的企业财务管理内部控制机制，在经营资金、经营成本、预算控制、内部监督、风险防范等方面切实发挥作用，为单位的发展经营保驾护航，变得十分关键，也十分必要。

参考文献

1. 著作类
[1] 李林.事业单位科研经费管理及财务制度建设[M].哈尔滨：黑龙江教育出版社，2021.
[2] 李爱华.事业单位预算管理研究[M].长春：吉林出版集团股份有限公司，2021.
[3] 王小红.政府及事业单位会计[M].西安：西北大学出版社，2018.
[4] 邢俊英.事业单位会计通用+行业[M].沈阳：东北财经大学出版社，2016.
[5] 杨武岐，田亚明，付晨璐.事业单位内部控制[M].北京：中国经济出版社，2018.
[6] 赵永华，李其海，王青.水利企事业单位财务管理实务[M].北京：九州出版社，2018.

2. 期刊类
[1] 陈丽娟.事业单位财务管理中存在的问题及解决措施探讨[J].中国商论，2020(14)：124-125.
[2] 董丽萍.事业单位支出管理与控制策略研究[J].中国管理信息化，2015，18(14)：39.
[3] 高宁.事业单位财务会计与预算管理的结合分析[J].中国商论，2018(2)：122-123.
[4] 甘春艳.事业单位全面预算管理相关问题探讨[J].质量与市场，2022(24)：64-66.
[5] 韩敏.全额拨款事业单位内控风险评估体系研究[J].商讯，2021（12）：131-132.
[6] 晋晓琴.新事业单位财务制度和会计制度的不协调性及优化[J].财会月刊(会计版)，2016(11)：28-31.

[7] 靳利军.事业单位财务报表分析方法初探[J].事业财会,2004(3):14-15.

[8] 林常青,宗文龙.事业单位财务制度建设——以教育部考试中心为例[J].财务与会计,2012(1):71-72.

[9] 刘艳红.事业单位内部控制制度探析[J].管理现代化,2012(4):71-73.

[10] 李宏伟.事业单位固定资产管理体系研究初探[J].中国财政,2020(8):63-65.

[11] 李志红,金传玲,孙晓猛.新形势下加强事业单位固定资产管理的建议[J].地方财政研究,2009(9):73-74.

[12] 马庆梅.事业单位财务精细化管理分析[J].中国商论,2017(35):114-115.

[13] 蒲萍.对事业单位其他收入核算的改进[J].财会月刊(会计版),2014(5):44-45.

[14] 孙芹,宋夏云.我国事业单位预算管理的现状和改进对策研究[J].商业会计,2022(5):85-87.

[15] 王蕴波,景宏军.事业单位财务会计收入类科目存在的问题及优化[J].财会月刊,2021(3):53-57.

[16] 王朋才.账务处理程序改革初探[J].会计之友(上旬刊),2009(01):19-20.

[17] 徐爱梅.事业单位会计与企业单位会计财务处理的比照[J].中国商贸,2013(31):92-93.

[18] 俞香云.完善事业单位固定资产管理体系问题的探讨[J].农村经济与科技,2012,23(05):99-100,146.

[19] 杨金凤.事业单位支出管理探讨[J].中国市场,2010(52):107,109.

[20] 赵敬玉.事业单位内部控制存在的问题及对策[J].投资与创业,2022,33(23):170-172.

[21] 赵璐.提升事业单位预算管理效能的政策建议[J].中国财政,2019(5):62-64.

[22] 张冠英.事业单位内部控制优化研究[J].商业会计，2021（17）：126-129.

[23] 张田，严春华.试述事业单位会计的特点[J].黑龙江科技信息，2011(21)：161.